ワークショップデザイン論

―― 創ることで学ぶ ――

WORKSHOP DESIGN

第 2 版

JN063506

山内祐平
Yuhei Yamauchi

森 玲奈
Reina Mori

安斎勇樹
Yuki Anzai

慶應義塾大学出版会

はじめに

　本書は、著者である山内・森・安斎が蓄積したワークショップデザインに関する知見をまとめたものであり、第2版となる。基本的な内容は第1版から変更していないが、事例を一部変更したほか、ファシリテーションに関する最新知見を盛り込むなどの加筆を行っている。

　山内は、東京大学大学院情報学環教授として、ワークショップを含む学習環境のデザインについて研究を進めている。森は、ワークショップ実践者の熟達過程を研究したのち、帝京大学准教授として高齢者や地域に開かれた公共的なワークショップのあり方を追求している。安斎は創発的コラボレーションを起こすワークショップデザインについて研究したのち、MIMIGURI代表取締役Co-CEO・東京大学大学院情報学環特任助教として企業組織の創造性を賦活するワークショップについて実践を重ねている。

　ワークショップの研究や教育に関わってきて感じるのは、奥の深さである。デザインのわずかな違いが最終的な作品や学びに大きな影響を与え、同じデザインでも参加者によって全く違った意味を持つこともある。デザインと活動の関係は複雑であり、唯一の正解があるわけではない。実践を繰り返しながら反省的に対話し、より望ましいと合意された方向に向かって努力を続けるしかない。本書で書かれている内容についても批判的に読んでいただき、自らの実践に応用するための素材として考えていただきたい。しかしながら我々は、たとえ正解がなくともワークショップデザインの方法を「公開する」ことは重要な意味を持つと考えている。学術の世界においては、様々な

人が改善できるように研究の問題・目的・方法・結果を公開することが大切にされている。新しいアイデアを持つ人々がその知見を利用し、イノベーションを起こすことができるからである。

　我々の専門は学習環境デザイン論であり、本書も学習に焦点を当てた構成になっている。ただ、一見学習と関係ないように見えるワークショップであっても、参加者が有意味な体験をしている時には、高度な思考や新たな発見など、学習の観点から支援できる過程が多く含まれている。この本の知見を幅広い領域のワークショップ実践に使っていただけることを期待している。本書で紹介している研究は、多くのワークショップ実践者や参加者の皆様に時間を頂戴することによって生まれたものである。我々のワークショップに関わってくださった全ての方々に深く御礼申し上げるとともに、この本をきっかけに多くの人たちにワークショップデザインの世界を経験してもらうことを強く願っている。

　　2020年11月

　　　　　　　　　　　　　　　　　　　　著者を代表して
　　　　　　　　　　　　　　　　　　　　山内祐平

Chap.
1

Chap.
2

Chap.
3

Chap.
4

Chap.
5

Chap.
6

第1章
Chapter 1

ワークショップと学習

✧本章の概要✧

この章では、ワークショップという言葉の意味について、実践の広がりや特徴から明らかにし、経験学習の系譜とモデルについて述べる。また、「授業」との違いとしてノンフォーマル学習、現代的な学習目標として創造性について説明し、ワークショップのデザインモデルについて検討する。

Section **1**	ワークショップと経験学習

1　ワークショップの範囲

　学びと創造の方法であるワークショップは様々な目的で利用されている。森・北村（2013）は、先行研究と実践者からのヒアリングによってワークショップを14の領域に整理している（**図1-1**）。

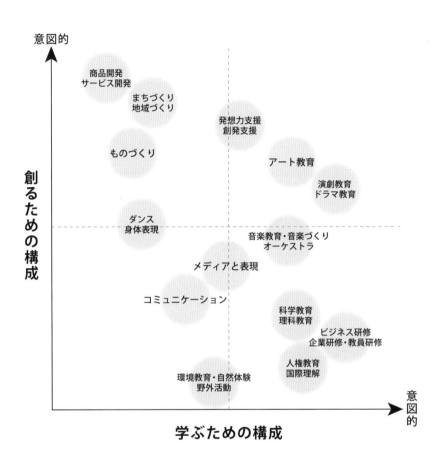

Chap. 1

Chap. 2

Chap. 3

Chap. 4

Chap. 5

Chap. 6

意図的

創るための構成

意図的

学ぶための構成

図1-1：ワークショップ実践の分類（森・北村 2013）

　この図では、ワークショップデザインについて「学ぶための構成」と「創るための構成」という点に着眼し、それぞれについて実践者の意図が関わっている程度によって領域名を配している。分類は森（2009）において、120名のワークショップ実践家を対象に質問紙調査を行った際に用いられたもの

である。

(1) ものづくり

造形を活動の中心とするワークショップ。活動の途上または結果において作品制作が行われ、制作過程の試行錯誤や協働によって学習が生起する。

(2) アート教育

アートに関する理解を深めることを目的としたワークショップ。

(3) メディアと表現

メディアを利用して表現活動を行うワークショップや、メディアリテラシーの向上を目的としたワークショップ。

(4) コミュニケーション

コミュニケーションの促進もしくはコミュニケーション力向上を目的としたワークショップ。

(5) 商品開発・サービス開発

新しい商品やサービスの開発を目的としたワークショップ。

(6) まちづくり・地域づくり

住民参加型の都市開発や、地域理解の増進を目的としたワークショップ。

(7) 発想力支援・創発支援

新しいアイデアを生み出すことや創造的な思考を経験することを目的としたワークショップ。

(8) ビジネス研修・企業研修・教員研修

企業人材育成や教員養成を目的としたワークショップ。

(9) 人権教育・国際理解

人権や国際理解に関するテーマについて対話や体験から学ぶワークショップ。

Chap.
1

Chap.
2

Chap.
3

Chap.
4

Chap.
5

Chap.
6

Chap. 1

Chap. 2

Chap. 3

Chap. 4

Chap. 5

Chap. 6

（10）演劇教育・ドラマ教育

　演劇をつくることで学ぶ、もしくは演劇を用いて学ぶワークショップ。前者は演劇をつくることが活動のゴールにあり、後者は、演劇を用いて問題解決をする、コミュニケーション力を向上させるなどのテーマ設定が行われている。

（11）ダンス・身体表現

　舞踏家による表現活動を中心としたワークショップ。ダンスを学ぶための活動として構成されているものの他に、コンタクトインプロビゼーションのようにダンスそのものをワークショップで構成することが目的とされる実践もある。

（12）科学教育・理科教育

　科学者と市民との協働や科学についての理解増進を目的としたワークショップ。

（13）音楽教育・音楽づくり・オーケストラ関連

　楽器をつくることや合奏への理解など、音楽を活動の中心に据えるワークショップ。

（14）環境教育・自然体験・野外活動

　人と自然環境の関係を理解するために行われる体験や野外活動を中心としたワークショップ。

　ワークショップと呼ばれる実践の歴史が最も長いのは、演劇の領域である。1905年のジョージ・P・ベーカーによる「47Workshop」が、芸術創造の「工房」の意味を残しながらも現代的なワークショップの先駆けとなった。20世紀初頭、イギリス、フランス、ドイツなどには演劇文化があったが、新興国アメリカにはその伝統がなかった。この問題に対しベーカーは、ハーバ

ード大学にて実験的な舞台を用い、学生に対する戯曲創作・演技・演出の指導を行った。ここで学んだ後進により小劇場運動が展開され、新しい文化が創出された（森・北村 2013）。この後演劇に限らず、「創る活動」を「学ぶ活動」に接続させる活動がワークショップと呼ばれるようになっていくが、その背景には、デューイなどによる実験的・経験主義的なプラグマティズムの影響があると考えられる。

　現代においてワークショップは様々な形で使われるようになっており、領域によって、時間の設定やファシリテーションなどに違いがある。しかしながら、何らかの「創る活動」と「学ぶ活動」が含まれているという点は、ほぼ共通している。

　創る対象は、様々なものが考えられる。ものづくりやアート教育であれば作品であり、まちづくりや発想力支援では、アイデアやプランが一般的である。研修や人権教育では、考えたことをプレゼンテーションする場合が多く、環境教育や野外活動では実験や観察をまとめた記録が多い。重要なことは、新しいものを生み出すための試行錯誤によって、深く考える活動を生起させようとしている点である。

　そこで、本書では、ワークショップを「創ることで学ぶ活動」と位置づけ、論を進めることにする。創ることを目的とし、学びを付随する結果としてとらえているワークショップと、学ぶことに主眼があり、創ることを方法として採用しているワークショップがあるが、これは重点の置き方の差であり、創ることと学ぶことは後述するように表裏一体の関係にある。本書ではこの両面を扱えるデザイン論を検討していくことにする。

Chap.
1

Chap.
2

Chap.
3

Chap.
4

Chap.
5

Chap.
6

2　ワークショップの特徴

Chap. 1

Chap. 2

Chap. 3

Chap. 4

Chap. 5

Chap. 6

　「Workshop」はもともと「工房」という意味であり、物が作られる場所を表す言葉であった。ワークショップが学習の形式として取り扱われる際には、工房が持つ「創ることで学ぶ」側面をメタファーとして利用していると言える。

　ブルックスハリスとストックワード（1999）は、様々な領域におけるワークショップの定義をレビューし、以下の6点を重要な特徴として挙げている。

（1）短期集中型の学習

　短い場合は数時間、長くても数日の単位で開催され、短期集中型で行われる。毎週定期的に開催される場合でも、一日単位で完結した意味を持つようにデザインされる。

（2）小集団の相互作用

　数名のグループによる協調的な活動が行われる。全体説明や個人作業もあるが、小集団の相互作用が重要な位置を占めている。

（3）能動的な関与

　学習者は講義のように受動的に話を聞くだけではなく、議論に参加し制作活動を行うなど、能動的に活動に関与する。

（4）問題解決

　文脈として課題や問題が提示され、それを解決する活動の中に学習が埋め込まれるというスタイルをとる。

（5）成果としての行動変容

　ワークショップの成果には知識や技能の習得も含まれるが、行動や態度の変容が起こることも期待されている。

（6）新しい学習への応用

　ワークショップにおいて学ばれたことは、その後の新しい状況において応用される可能性を持つ。このように学習が文脈を越えて利用されることは「転移」と呼ばれる。

3　経験学習の系譜

　これらの特徴からわかるように、ワークショップでは参加者の能動的な経験から学習が生起する。このような学習は「経験学習（Experiential Learning）」と呼ばれ、100年を超える研究と実践の歴史がある。

　図1-2は、経験学習の研究者であるデイビッド・コルブ（1939-）がまとめた経験学習の3つの系譜である。

　クルト・レヴィン（1890-1947）は、社会心理学の父と呼ばれ、人の行動が環境によってどのように影響を受けるかについて幅広く研究を行った。「Tグループ（トレーニンググループ）」と呼ばれる人間関係に関するトレーニング技法は、心のあり方や社会との関係について考えるワークショップの源流になっている。また、「アクションリサーチ」という実験研究と社会実践を統合する概念を生み出し、計画・実践・評価のサイクルによって実践を改善するというスタイルを生み出し、広く教育的な活動のデザインに取り入れられている。

　ジョン・デューイ（1859-1952）は、プラグマティズムを代表する哲学者である。経験と反省的思考をつなぐ教育のあり方を探求し、民主主義社会を支える対話的な教育について模索した。デューイの経験学習の考え方は、「為すことによって学ぶ（Learning by Doing）」という言葉で表現されることが多いが、能動的な行為から学習が始まるという考え方は、全てのワーク

Chap. 1

Chap. 2

Chap. 3

Chap. 4

Chap. 5

Chap. 6

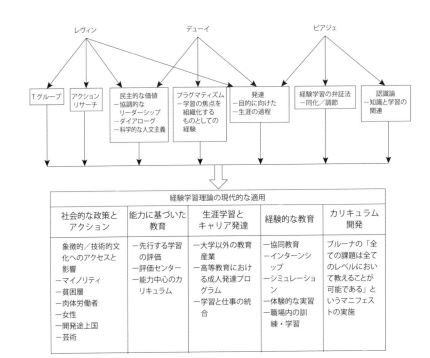

図1-2：経験学習の3つの系譜（Kolb 1984より筆者訳）

ショップの根底にある思想の源流と言える。

　ジャン・ピアジェ（1896-1980）は、心や認識の発達について研究した20世紀を代表する科学者である。認識が主体と環境の相互作用の中で成長していくことや、主体が経験の中で能動的に知識を構成することを明らかにし、長期間にわたる人間の動的変化としての「発達」概念を確立した。

　ピアジェの研究知見は、学習者の主体性や能動性を保証するものとして、子ども向けワークショップやファシリテーションのあり方に影響を与えている。

4 デューイの経験学習

　レヴィン、デューイ、ピアジェは、それぞれ経験学習理論の確立に重要な役割を果たしているが、特にデューイの「為すことによって学ぶ」という考え方は広く普及しており、経験学習の基盤としてとらえられている。

　ただし、デューイは「為すこと」と「学ぶこと」の間に思考を位置づけており、経験と学習が直結しているわけではない。デューイは著書である『学校と社会』において「思考ないし熟慮は、われわれがしようと試みることと、結果として起こることの関係の認識である。思考という要素を何ら含まないでは、意味をもつ経験はありえないのである」と述べている。試行錯誤的な経験だけでは十分ではなく、思考や熟慮につながる過程が重要なのである。

5 コルブの経験学習モデル

　デューイが重視した経験から思考を経て学習する過程を定式化したのが、経験学習研究の第一人者であるコルブである。

　コルブは、デューイの経験から思考を経て学習するプロセスを、4段階の循環モデルにまとめている（**図1-3**）。

（1）具体的経験から熟慮による観察
　すでに経験したことを振り返り、その背景にある要因について、観察や想起によって深く考え、予測を導き出す。

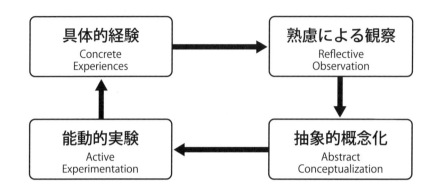

図 1 - 3 : コルブの経験学習サイクル

（2）熟慮による観察から抽象的概念化

　熟慮と観察から得た予測について、他の知識も動員しながら検討し、具体的な事例から抽象化して一般的な概念につなげる。

（3）抽象的概念化から能動的実験へ

　生み出した一般的な概念を具体的な状況で確認するために、新しい状況で実験するための仮説を設定する。

（4）能動的実験から具体的経験へ

　仮説をもとに、もう一度具体的な経験活動を行う。前回の経験との差分が、このサイクルで起こった学習になる。

6　ワークショップの基本構造

　ブルックスハリスとストックワード（1999）は、コルブの経験学習サイクルをもとに、ワークショップの基本構造を以下の6点にまとめている。

（1）導入と概説

　ワークショップの概要について説明し、参加者の自己紹介とともに、参加者がなじむための活動を行う。

（2）経験の内省

　ワークショップのテーマに基づき、日常生活の中で経験したことを参加者間で話し合い、多様な事例を共有する。

（3）同化と概念化

　経験を相対化するための新しい情報を提示し、話し合うことによって知識化するとともに、その知識を使って過去の経験を概念化する。

（4）実験と実践

　実験的な状況を設定し、問題解決的な実践を行う。グループで協力しながら解を形にする制作活動になる。

（5）応用の計画

　ワークショップの実践について振り返り、話し合いの中で気がついたことを可視化して反芻する。また、今後学んだことを応用できる状況はないか考え共有する。

Chap. 1

Chap. 2

Chap. 3

Chap. 4

Chap. 5

Chap. 6

（6）まとめ

ワークショップ全体について振り返り、ワークショップに関する評価を行う。

ワークショップでは「導入と概説＋経験の内省」「応用の計画＋まとめ」をセットで考えることが多く、実践においては導入・活動１（知る活動）・活動２（創る活動）・まとめの４ユニットで考えるほうが現実的である。本書では、この４点をワークショップの基本構造として議論を進める（**図1-4**）。

図1-4：ワークショップの基本構造

| Section **2** | ワークショップとノンフォーマル学習 |

1 ノンフォーマル学習

経験学習の形式はワークショップに限られているわけではない。学校教育においても経験から学ぶ形の授業は行われているし、日常の経験の中から意図せず学ぶこともある。

このような状況を整理する際に有用なのが、公式な学習（Formal Learning）、ノンフォーマル学習（Nonformal Learning）、インフォーマル学習（Informal

Chap.
1

Chap.
2

Chap.
3

Chap.
4

Chap.
5

Chap.
6

公式な学習	ノンフォーマル学習	インフォーマル学習
学習は意図的	⟷	学習は意図的でない
学習は学問分野によって はっきりと構造化	⟷	学習や学問分野によって 構造化されていない
学習はカリキュラムに関して はっきりと構造化	⟷	計画性や公式な区別のない 学習・それに類するもの
国の規制	⟷	開かれた市場
提供者は公共機関もしくは 国からの認定を受ける	⟷	市場参入制限のない 民間提供者・ボランティア組織
質保証のメカニズム	⟷	質保証のメカニズムなし

図1-5：公式な学習からインフォーマル学習への連続体（OECD 2011）

Learning）という分類である（**図1-5**）。

公式な学習は、「組織化され、構造化された環境において発生し、明らか
に（目標設定、時間、リソースの観点から）学習としてデザインされている
学習」（OECD 2011）である。学校教育で提供される授業における学びは、
公式な学習である。

授業では、学習目標が明確に定義され、カリキュラムによって学習活動が
構造化されている。また、学習活動に必要な資源は公的に保証されている。
税金の投入と引き換えに学習の質保証の仕組みが必要となり、評価が日常的
に実施されている。

インフォーマル学習は、「仕事、家庭生活、余暇に関連した日常の活動の

Chap.
1

Chap.
2

Chap.
3

Chap.
4

Chap.
5

Chap.
6

結果としての学習」である（OECD 2011）。例えば、旅行中に様々な事件が起こり、その対応の中で知識やスキルが身に付く場合、インフォーマル学習ととらえることができる。

　このような日常生活における学習は、意図しないものであり断片的に発生するが、長い時間の集積の結果、生きる上で必要な多くのことを学ぶことになる。

　ノンフォーマル学習は、「学習（学習目標、学習時間、もしくは学習支援の観点から）としては明瞭にデザインされていないが、計画された活動に埋め込まれた学習」（OECD 2011）である。多くのワークショップはこのカテゴリーに入ると考えられる。

　ノンフォーマル学習は公式な学習とインフォーマル学習の中間にあたり、様々なバリエーションが存在する。国や地方公共団体などは関与していないが、NPOなどが提供する学校に近い形態をとる学習プログラムから、直接学習を目的としていない経験プログラムまで、その形態にも幅があるが、何らかの計画を持っている点は共通している。

　図1-6は、スタンフォード大学LIFEセンターが、学校教育のような公式な学習環境（Formal Learning Environment）と自発的に学ぶインフォーマルな学習環境（Informal Learning Environment）において過ごす時間を整理したものである。人の一生の大半は、正規の教育によらない自発的な学習であることが一見してわかる。

　制度的な教育には社会的な資源が投入され、学校という対面型の学習空間が用意されている。それに対し、人がよりよい人生を送るために自発的に学ぶ行為は、生涯学習と呼ばれているものの、具体的な支援の方策は十分ではない。このような背景からワークショップをはじめとするノンフォーマル学習が注目されている。

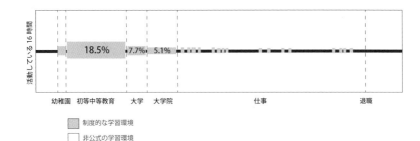

図1-6：人の一生における公式な学習とインフォーマルな学習の割合
（THE LIFE Center, University of Washington, Stanford University and SRI International
"Learning in and out of school in diverse environments", 2007, p.9より一部修正）

2　参加体験型授業

　公式な学習に分類される学校教育の中でも、問題解決学習（Problem Based Learning）やプロジェクト学習（Project Based Learning）など、経験から学ぶことを意識した授業が展開されている。特に、高等教育においては、アクティブラーニングと呼ばれる、学習者が能動的に参加する形態の授業が広がっている。

　アクティブラーニングは、「読解・作文・討論・問題解決などの活動において分析・統合・評価のような高次思考課題を行う学習」（Bonwell & Eison 1991）であり、聞くだけの講義形式に比べて学習者が能動的に授業に関与するため、「アクティブ」ラーニングと呼ばれている。このような学習を実現するためには、単純に知識を記憶するだけでない、深い思考を伴う活動を授業の中に組み込む必要がある。

　例えば、マサチューセッツ工科大学（MIT）ではTEALスタジオという教

Chap.
1

Chap.
2

Chap.
3

Chap.
4

Chap.
5

Chap.
6

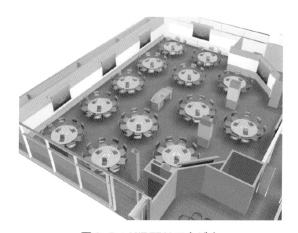

図1-7：MIT TEALスタジオ

室において物理のアクティブラーニングが展開されている（**図1-7**）。ここには定員9名の円形テーブルが13台設置されており、教員の居場所は中央にある。教員が中央にいるのは課題提示とまとめの時だけで、あとの時間は円形テーブルを回覧して、学生と話しながら、学習を支援する。

　この教室の授業は、「デスクトップ実験」を中心に構成されている。学生は実験の結果を予想し、他の学習者の回答を共有する。グループ学習でその理由をディスカッションした後、実際に円形テーブルの上で実験を行って予想が正しいかどうかを確認する。その後実験結果の理由を物理シミュレーションによって考察し、討論を行う。

　参加体験型授業のプログラム構造は、ワークショップの構造と相似的な関係にある。導入を行い、経験から学ぶための補助線になる情報を提供し、実験などの体験を経て、その反省から学習する。この背景にはプロジェクト学習がデューイの経験学習に影響されて成立しているという歴史的経緯もある

と考えられる。ワークショップと参加体験型授業はいわば兄弟の関係にあるのである。そのため、最近では、問題解決型・プロジェクト型の授業が「ワークショップ型授業」と呼ばれることもある。

3 授業とワークショップの違い

しかしながら、公式学習である参加体験型授業とノンフォーマル学習であるワークショップの間には見逃すことができない相違点も存在する。

(1) 参加者

ノンフォーマル学習であるワークショップでは、参加者を公募することが多い。結果として関心は近いが、年齢や属性の異なった人々が学習者集団となる。それに対して、公式学習である授業では、参加者はその学校に所属する学生であり、必修科目の場合には参加を強制される。このような学習者の参加の主体性および属性の違いは、学習の文脈としてとらえた場合は重大な差異を生み出す。

そのため、ワークショップでは成功している学習プログラムでも、学校の授業に持ち込むとうまくいかないケースも多い。ワークショップと授業では参加者の動機が違うからである。逆に、参加体験型授業のプログラムをワークショップ化すると、学習者の知識やスキルの状態に差があり過ぎて失敗することもある。

(2) 評価

公式学習である授業では、学習者を評価して成績をつける。評価は、学習目標が達成されているかどうかを確認することによって、カリキュラムの次

Chap.
1

Chap.
2

Chap.
3

Chap.
4

Chap.
5

Chap.
6

の段階に進んでよいかどうかを判断するために行われている。

　ノンフォーマル学習であるワークショップにはカリキュラムがなく、このような学習者評価を行う必要がない。プログラムを改善するための評価は必要であるが、目的が異なるため、授業の評価とワークショップの評価は異なったものになる。

　学習者に対する達成評価は、時に学習者の動機を損なうこともある。学校教育においては、評価の副作用として、学習内容が嫌いになるという課題を抱えることになる。これは、図工・美術・音楽・体育など、ワークショップと親和性が高い教科でも起きる問題であり、逆に言えば、ノンフォーマル学習において達成評価を行わないことは価値があるとも言える。

(3) 教師

　学校の授業を管理しているのは教員である。これに対し、ワークショップの活動を進行する役割はファシリテーターが担っている。時間管理や学習に対する援助など、双方に共通する仕事もあるが、そのやり方には違いがある。

　筆者らが以前行った研究では、ワークショップファシリテーター研修に参加した教員が、ファシリテーター特有の学習に対する考え方や援助方法に戸惑いを感じていることが明らかになっている。学校の授業では、より多くの子どもに対して、学習目標を達成させることが教員の使命であり、学習者に対する支援も積極的に行われるが、ワークショップでは学習者の主体的・能動的参加を前提にしているため、支援は必要最小限におさえられる。また、学習目標として想定されていない学習も積極的に認めるため、支援の方向も異なってくる。

（4）真正性

　プロジェクト学習のような参加体験型授業における「問題」は、真正性を持っていることが要求される。つまり環境問題や高齢化社会など、実際に社会で課題とされている事柄に直接アプローチする場合が多い。

　それに対して、ワークショップにはそのような制約がなく、一見「遊び」に見えるような活動も許容される。ワークショップが芸術的な活動から発展してきた歴史的経緯から、即時的な有用性よりも人間の可能性の探求に基盤をおいているためであろう。

　このような相違から考えると、参加体験型授業とワークショップは切り離して議論したほうが建設的であろう。本書では、ワークショップを「創ることで学ぶ活動を主軸としたノンフォーマルな経験学習の様式」と定義し、学校教育で行われる問題解決型授業や、日常生活の中での経験学習とは異なる、「一定の構造を持ちながらも自主的に展開されている経験学習プログラム」として議論を進めていくことにする。

Chap. 1
Chap. 2
Chap. 3
Chap. 4
Chap. 5
Chap. 6

Section 3　ワークショップと創造的活動

1　創造的活動の意義

　ワークショップが「学びと創造の技法」として注目されてきたのは2000年代に入ってからである。この背景には、情報化・国際化による急速な社会の変化と、それに対応した創造的活動への希求があると考えられる。

Chap.
1

Chap.
2

Chap.
3

Chap.
4

Chap.
5

Chap.
6

産業革命以降、工業は生産を価値とし、故障が少なく低価格の製品を世に送り出すことに注力してきた。このような社会で必要な人材は、マニュアルを読める知識を持ち、指示に従い正確に作業できる労働者であり、学校教育はこのような人々を安定して社会に供給するために導入された制度であった。

しかし、情報化と国際化によってこの構図は大きく変化し、生産現場は様々な国に分散し、ロボットによって機械化された。生産工程での差別化は難しくなり、価値の焦点は生産からデザインに移行してきている。

ここでいうデザインとは見た目の形状だけではなく、人間にとって意味を持つ人工物の構成のことである。例えば、アップル社が開発したiPhoneは携帯電話としてではなく、コミュニケーションのためのモバイルプラットフォームとしてデザインされている。そのため、特にデザインの領域において、新しい付加価値を生み出す方法としてワークショップが取り入れられるようになっている。

ベルガンティは、『デザイン・ドリブン・イノベーション』の中で、デザインにおいて重要な過程の1つとして、「デザイン・ディレクション・ワークショップ」によるアイデア生成を挙げている（**図1-8**）。

また、スタンフォード大学のd.schoolでは、ワークショップ形式によるア

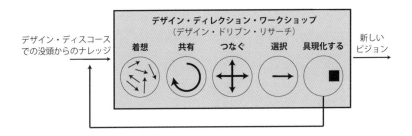

図1-8：デザイン・ディレクション・ワークショップの流れ（ベルガンティ 2012）

イデア生成を授業の中で行っている。このような方法は「デザイン思考」と呼ばれ、イノベーションを生み出すためのビジネス向けワークショップなどに応用されている。

Chap.
1

Chap.
2

Chap.
3

Chap.
4

Chap.
5

Chap.
6

2 創造と学習をつなぐ葛藤

このような創造を目的としたワークショップと、学習を目的としたワークショップは違うものなのだろうか。実はプログラムの構造は類似しており、1節で述べた4段階モデルのバリエーションになっていることがほとんどである。このような類似が生じる理由は、そもそも学習と創造は同じ過程の違う側面を表していると考えられるからである。

その関係を考察するのに参考になるのが、グレゴリー・ベイトソンの「学習とコミュニケーションの階型論」である。ベイトソンは『精神の生態学』の中で学習をゼロ学習から学習Ⅳに分類している。

　　ゼロ学習の特徴は、反応がひとつに定まっている点にある。その特定された反応は、正しかろうと間違っていようと、動かすことができないものである。
　　学習Ⅰとは、反応がひとつに定まる定まり方の変化、すなわちはじめの反応に変わる反応が、所定の選択肢群の中から選び取られる変化である。
　　学習Ⅱとは、学習Ⅰの進行過程上の変化である。選択肢群そのものが修正される変化や、経験の連続体が区切られる、その区切り方の変化がこれにあたる。

Chap.
1

Chap.
2

Chap.
3

Chap.
4

Chap.
5

Chap.
6

　　学習Ⅲとは、学習Ⅱの進行過程上の変化である。代替可能
な選択肢群がなすシステムそのものが修正されるたぐいの変
化である。（のちに見ていくように、このレベルの変化を強
いられる人間やある種の哺乳動物は、時として病的な症状を
来たす。）

　　学習Ⅳとは、学習Ⅲに生じる変化ということになろうが、
地球上に生きる（成体の）有機体が、このレベルの変化に行
き着くことはないと思われる。ただ、進化の過程は、個体発
生のなかでⅢのレベルに到達するような有機体を生み出して
いるわけであるから、そのような個体発生上の変化を変化さ
せる系統発生上の変化は、事実Ⅳのレベルに踏み込んでいる
といえる。

（ベイトソン 2000）

　ゼロ学習は反射行動であり、学習Ⅰには、創造的要素がほとんど含まれて
いない。行動や知識を記憶する学習がこれにあたる。

　それに対し、学習Ⅱと学習Ⅲは、選択肢や区切り方の変化、その前提とな
る認識枠組みの変化を表しており、これは、新しい枠組みの発見や創造その
ものであると考えられる。

　つまり、学習は高次になるにしたがって、不可避的に創造的側面を持つの
である。逆に言えば、創造的活動は必ず人間の持続的変容としての学習を伴
う。

　この過程を、社会的文脈から検討したのが、ユーリア・エンゲストローム
である。彼は『拡張による学習』の中で、元素の周期律表の発見過程を詳細
に分析し、高次の学習ととらえられる創造的活動が、葛藤状況を解決しよう
とする活動によって生まれることを明らかにしている。現象の説明に不整合

な状況が発生した時、様々な人々がそれを乗り越えるための活動を行い、その結果として新しいものが生み出されるのである。つまり、高次の学習である創造は、葛藤状況から発生すると考えることができる。

3　集団の多様性と創造

　創造と学習に深い関係があるとしても、それをワークショップとして集団で行う意味はどこにあるのだろうか。前述の周期律表の例にしても、一般的には化学者ドミトリ・メンデレーエフが「創造した」ことになっている。我々は孤高の天才に宿る神秘的なアイデアが世界を一変させるというイメージに惹かれているのである。しかし、創造性とイノベーションの科学的分析を専門とするキース・ソーヤーは、画期的な変化を生み出すのは孤高の天才ではなく、集団ゆえに生まれる天才的発想「グループ・ジーニアス」であると主張する。

　　多様性をもったチームが創造的なのは、多彩な意見が摩擦を呼び、これが原動力となってチームが独創性を高め、より複雑な仕事に取り組むことになるからだ。

（ソーヤー　2009）

　摩擦は葛藤と類似した状況であるが、ソーヤーが注目しているのは、チームの多様性が葛藤状況を生み出すことである。同じ問題を異なる背景を持つメンバーが検討することにより、今までにないアイデアを生み出すことが可能になる。ワークショップにおいても、参加者の募集やグルーピングなどに

おいてこの点に留意する必要がある。

Chap.
1

Chap.
2

Chap.
3

Chap.
4

Chap.
5

Chap.
6

4　学習目標としての創造性

　デューイからコルブまで、経験学習の系譜においては経験における試行錯誤を言語化・理論化することによる学習が強調されてきた。この学習は、今まで意識にのぼっていなかったことを発見するという面を持っており、ベイトソンの言う「学習Ⅱ」に相当すると考えられる。その意味ではもともと創造的側面を持っていたわけだが、歴史的には創造的活動の意義はあまり強調されてこなかった。これは、経験学習の理論が発展してきた20世紀において、創造性が重要な目標概念と認識されていなかったことと関係している。

　ここでは、最近になって創造性が学習目標として取り入れられている例として「21世紀型スキル」を紹介したい。21世紀型スキルは、21世紀に生きていく子どもたちに必要な一般的能力を整理したものである。様々な団体が21世紀型スキルに関する活動を展開しているが、ここでは「ATC21S」（Assessment & Teaching of 21st-Century Skills）の定義を取り上げる。ATC21Sは21世紀型スキルの普及と教育改革のために作られた国際組織であり、アメリカやオーストラリアなど6ヶ国の政府と大学・産業界が協力して活動している。

Chap.
1

Chap.
2

Chap.
3

Chap.
4

Chap.
5

Chap.
6

> **ATC21Sによる21世紀型スキル**
> ・思考の方法：創造性、批判的思考、問題解決、意志決定と学習
> ・仕事の方法：コミュニケーションと協働
> ・仕事の道具：情報通信技術（ICT）と情報リテラシー
> ・世界で暮らすための技能：市民性、生活と職業、個人的および社会的責任

思考の方法

　知的生産を行う労働者による高度な思考に必要な能力である。批判的思考や問題解決能力については従来から学校の教育目標に取り上げられてきたが、創造性や意志決定、自己学習能力やメタ認知などは、イノベーションに必要な技能として重要視されるようになってきている。

仕事の方法

　知的生産を行う労働者が仕事をするために利用する技能である。コミュニケーション能力は、母国語と外国語で話し言葉・書き言葉を問わず意思疎通ができることであり、協働はチームでプロジェクトを遂行していくための技能である。

仕事の道具

　知的生産のために道具として利用する情報通信技術に関する知識や能力である。情報にアクセスしその価値を評価するための情報リテラシーと、技術やメディアを知り操作できるICTリテラシーが含まれる。

世界で暮らすための技能

　世界のどの国に住んでも民主的社会を担う市民として暮らしていくための

能力である。多様な文化の尊重や他者との共生を基盤としながら地域社会の中で役割を果たしていくための様々な技能が挙げられている。

21世紀型スキルは初等中等教育レベルの目標体系であるが、高等教育においてもイノベーションを担う人材における創造性育成が目標になることが増えてきている。このように、社会において創造的活動の必要性が認められるとともに、その方法を学ぶことが学習目標として取り上げられるようになってきている。多くは学校教育を中心とした実践であるが、第3章で紹介する「CAMP」のような子ども向けワークショップにおいても、創造性育成が「ねらい」として記述されるようになっている。

5　創造的経験学習

ここで、1節で取り上げたワークショップの構成要素を再検討してみよう。
この中で創造的活動ととらえられるのは特に「創る活動」の部分である。経験学習としての側面に注目するのであれば、この部分では「知る活動」で得られた知識を相対化し新しいことを「発見する」経験を行えばよいことになるが、創造そのものや創造性の育成をねらいとするのであれば、ここで新しいアイデアや形を「創出する」経験が必要になる。

このような新しいアイデアや形を「創り出す」ことによって学ぶ活動、すなわち、「創ることによって学ぶ」活動のことを、操作的に「創造的経験学習」と定義したい。

創造的経験学習は、従来の経験学習に比べて留意すべき点がある。それは、活動のデザインが難しくなるということである。

例えば、「田植えという経験から学ぶ」という従来の経験学習型のワーク

ショップを設計する場合、田植えはなぜ必要なのかについて学んだ後に、実際に田植えをしてみることによって、根と土の関係、植物の育成と水の関係などについて思考し、関係を発見するプログラムとなるだろう。ところが、創造的経験学習では「新しい田植えの方法を考える」という課題になる。これは通常の経験学習の課題よりも高度であるとともに、この課題における試行錯誤について予測が難しい。創造的活動は予測を裏切ることに本質があるので、事前に完全な計画を想定することは字義的に矛盾することになる。

このような、本質的な不確定性をはらんだ活動をデザインしていくためにどのような方法が考えられるのか、次節で考えていくことにしたい。

Section **4** ｜ ワークショップのデザイン

ワークショップは創ることで学ぶ活動であり、ノンフォーマル学習として活動の枠となるプログラムを持っている。このようなプログラムをデザインする時に、どのような手法を用いればよいのだろうか。まず、教材や教育的活動のデザイン手法としてすでに利用されているインストラクショナルデザインとデザイン研究について見ていきたい。

1　インストラクショナルデザイン

主に教材や研修の開発のために発展してきた方法として「インストラクショナルデザイン（ID）」がある。IDは、特定のコースや学習者集団に対して、知識や技術が身につくように最適な教授法を決める過程（Reigeluth 1983）であり、教育目標から教育プログラムを設計する方法として研究と実践が進

められてきた。オンライン学習の設計などに利用されている。

　IDにおいて具体的な教材やプログラムを設計するプロセスはISD（教育システム設計）と呼ばれ、「教育システム（学習を促進するために用いられる資源や手続きの配列）」を開発する。このプロセスはADDIEモデルとして規定されており、分析・設計・開発・実施・評価のサイクルを回すことによってシステムを開発する（**図1-9**）。

（1）分析

　まず、学習目標を明確にした上で、その学習目標が達成されるためにはどのような下位目標を達成している必要があるかについて分析を行う。その際に、想定される学習者の既有知識や確保できる学習時間なども明確にする。

（2）設計

　学習目標を分解した下位目標を行動目標として記述した上で、行動が達成されるための学習活動を付与し、順序をつけてプログラムを構成する。目標にあわせて評価項目も策定する。

（3）開発

　設計に基づき、教材や教育的活動の詳細な実装を行う。学習者に試用してもらった上で改善を行い、教師や管理者向けのマニュアルを作成する。

（4）実施

　教材をパッケージ化した上で市場に出し、必要なサポートを行う。

（5）評価

　学習者が学習目標を達成できたかどうかを評価し、デザインした教材の効果について評価する。改善すべき点があれば次の版に向けて改訂を行う。

Chap.1 Chap.2 Chap.3 Chap.4 Chap.5 Chap.6

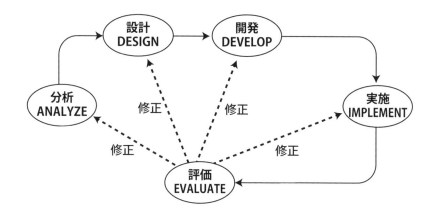

図 1 - 9：ADDIEモデル（ガニェら 2007）

2　デザイン研究

　デザイン研究は学習科学を中心に展開されている「学習研究成果をもとに革新的な授業や学習環境をデザインして実証的に検証することで、全ての人々が持っている学習可能性をいかに引き出すことができるかに焦点を当てた研究方法」（益川 2012）である。

　デザイン研究のルーツになった「デザイン実験」という概念は、教育的デザインをテストし改善するための方法として開発されたものである。従来の教育研究では、実験研究がほとんどであり、教育目標である知識や技能を得たかを確認することで評価が終わっていた。デザイン研究は学習者が「エキスパートの学習者」になったかどうか（学習対象に興味を持ち、自律的に学んでいくためのスキルを身につけたかどうか）を評価し、それをデザインにフィードバックしようとした試みであると言える（**表1 - 1**）。

Chap.
1

Chap.
2

Chap.
3

Chap.
4

Chap.
5

Chap.
6

表 1 - 1：従来の実験室実験とデザイン研究の違い (益川 2012)

	従来の実験方法	デザイン研究
場所	実験室	複雑な状況（教室など）
扱う要因	1つの変数を変える	複数の変数を扱う
実験状況	実験者が意図的にコントロール	コントロールしていない特定状況
実験手続き	固定した手続きで	柔軟にデザインの修正も行う
社会との関連	社会と分離している	社会と相互作用している
研究スタイル	仮説を検証する	枠組みを開発していく
立場	実験者として	デザイン・分析の共同参加者として

デザイン研究の特徴とプロセス

　デザイン研究は、最初のバージョンの実践をもとに改善を進め、次のバージョンを作るという「進歩主義的改善」という特徴を持っている。実際に現場でデザインを繰り返し変更しながら「デザイン原則」を抽出する。例えば、ブラウンとカンピオーネは、小学校1年生から8年生のための学習者の共同体を育成するモデル（Fostering a Community of Learners：FCL）について研究しているが、3年間にわたり、生物学と生態学を対象とした実践を行い、1年ごとにデザインを変更しながら、以下のようなデザイン原則を抽出している（**表1-2**）。

Chap.
1

Chap.
2

Chap.
3

Chap.
4

Chap.
5

Chap.
6

表1-2：学習者共同体の育成を支援するための学習原則の例

システムとサイクル
　「研究―共有―行為」活動の季節ごとのサイクル
　繰り返し参加する参加者による支援構造
メタ認知環境、反省的環境
　能動的かつ戦略的な学習の本質
　自律的批判、理解のモニタリング
語り
　アイデアの種まき、移転、収奪
　翻訳的なコミュニティ
深い内容知識
　発達的な感受性
　知的に誠実かつ要求するものであること

深い原則への発達の回廊
　中間目標と抽象度のレベル
分散された熟達
　楽しさではなく必要のための協同
　専門性、アイデンティティ、敬意
教授と評価
　多様な発達の最近接領域
　透明性、真正性、目標があること
共同体の特質
　多様で重なりのある役割による実践
共同体
　現在の実践と熟達者の実践の接合
　教室の壁を越えたコミュニティ

（Collins, Joseph, Bielaczyc 2004から抜粋）

3　IDとデザイン研究の課題

　伝統的なIDは教材開発を中心に利用されており、特にADDIEモデルの設計―開発―評価 というサイクルは、教育のみならず一般的なシステム開発とも共通する基本的なプロセスである。

　その一方で、IDにはワークショップのデザインには不都合な点もある。

　IDは教育目標が明示されることが前提になっており、明示された教育目標から、設計や実装がトップダウンに行われる構造になっている。ワークシ

Chap.
1

Chap.
2

Chap.
3

Chap.
4

Chap.
5

Chap.
6

ョップでは教育目標が明示されないことも多く、設定される場合でもその目標から学習が逸脱することを許容しているという点において、学習目標からトップダウンに設計するIDの手法は適用しにくい。

　また、IDは必要な知識や技能に対応する学習活動を並び替えて教材化することには向いているが、ワークショップは本質的に学習の中に創造的過程を含むため、学習の様相を事前に予測することが難しい。また、デザイン過程自体も創造的であるため、教材の配列に比べるとコンセプトの生成に跳躍が必要である。

　デザイン研究もID同様、実践を評価しながらデザインを改良していくという過程になっている。ただし、IDのように設計プロセスをシステム化しておらず、デザイン原則を明らかにすることによって、それを理解できる教育者の支援をしようとするアプローチをとっている。このことは、デザイン研究が予測の難しい協調学習という領域で発展してきたこととも関係しているだろう。ワークショップはグループワークを含むこともあり、これらのデザイン原則の中には適用可能なものも多いと考えられる。デザイン研究によって明らかになったデザイン原則は貴重な示唆を含むものであるが、デザインする時の過程を表すデザインモデルは含まれていない。デザインされたものの妥当性を確認するためには有用であるが、これらの原則から実践を設計することは難しい。

4　デザイン論からの示唆

　IDもデザイン研究も教育研究の領域で生まれた方法であり、デザイナーの行為を明らかにしようとするデザイン論の系譜とは交差していない。ここでは、IDとデザイン研究の課題を乗り越える際に有用と思われるデザイン

論の知見を紹介したい。

ステークホルダー

　クリッペンドルフ（2009）は、デザインを「物の意味を与えること」と定義し、多様なステークホルダー（デザインに関係する人々）が意味ネットワークを構築すると述べている。ここでいう「物」は人の手が加わった構成物を指し、製品やインターフェイスからプロジェクトやディスコースまで幅広い対象を含んでいる。ワークショップは学習と創造のためにインターフェイス・ネットワーク・プロジェクトを統合した人工物ととらえることができる。

　従来、デザインという行為はデザイナーの個人作業とされ、デザイナーが構成した人工物をユーザーが利用するという二極構造で認識されてきた。しかしながら、人工物の意味が構成されるプロセスは本来社会的なものであり、経営者やエンジニアなどデザイナーと共同作業を行う人々や、デザインに対して多様な関わりを持つ様々な利用者が複雑に絡み合って作られるものである。デザインの過程はこのような多様なステークホルダーの相互作用のプロセスとして記述される必要があり、デザインに関わる共同体で共有されるディスコースが、よりよいデザインの礎になるのである（図1-10）。

創発デザイン

　松岡（2008）は、デザイン科学におけるまだ解決されていない問題として、人間が新しいデザインを創造するプロセスが明らかになっていないことを挙げた上で、この問題を解く上で生命システムに見られる「創発」に着目したアプローチを試みている（図1-11）。

　創発は「自律的にふるまう個体間および環境との間の局所的な相互作用が大域的な秩序を発現し、他方、そのように生じた秩序が個体のふるまいを拘

Chap.
1

Chap.
2

Chap.
3

Chap.
4

Chap.
5

Chap.
6

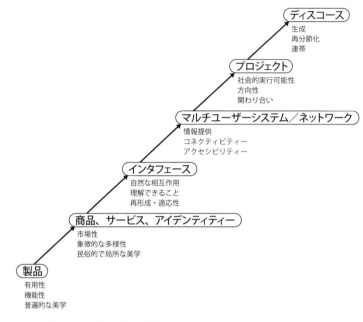

図1-10：人工物の軌道　（クリッペンドルフ 2009を一部修正）

束するという双方向の動的過程により、新しい機能、形質、行動が獲得されること」であり、一見偶然に見える局所的な相互作用から新しいパターンが生まれる過程を指している。

　松岡はこの創発を取り入れたデザインを「創発デザイン」としてモデル化している。その前提としてコンセプトを決める「概念デザイン」と基本的な使用や構造などを決定する「基本デザイン」を上流過程、細部の決定を行う「詳細デザイン」を下流過程に分類している。

　上流過程では、デザイン目標や制約条件が不明確な状態で多様な解の候補を試行錯誤的に模索する。このプロセスは論理よりも偶然の発見に依拠する

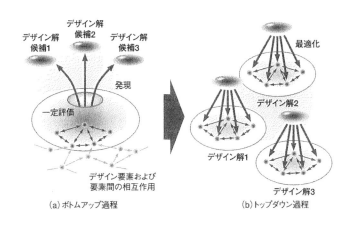

Chap.
1

Chap.
2

Chap.
3

Chap.
4

Chap.
5

Chap.
6

図 1-11：創発デザイン（松岡 2008）

過程であり、創発プロセスで言うボトムアップとトップダウンの相互作用が見られる。

　下流過程では、上流過程で明らかになったコンセプトや基本デザインをもとにしながら、目的に対して最適な機能を持つような詳細化が行われる。このプロセスはトップダウンのプロセスであると言える。

5　ワークショップのデザイン

ワークショップのデザイン過程

　ここからは、ID、デザイン研究、デザイン論からの示唆から、ワークショップのデザイン過程について検討する。ワークショップのデザインは、教材や教育活動と同様、企画・運営・評価のサイクルによって行われる（**図1-12**）。

Chap.
1

Chap.
2

Chap.
3

Chap.
4

Chap.
5

Chap.
6

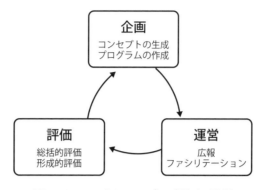

図1-12：ワークショップのデザイン過程

（1）企画

　企画段階では、ワークショップのコンセプトを生み出し、プログラムを作る。この段階のポイントは、コンセプト生成が学習目標からの分析的プロセスではなく、活動目標と学習目標をパラレルに生み出す創発的プロセスになるということである。ワークショップデザインをマクロに見ると、計画・実行・評価という一般的で安定した過程であるが、コンセプト生成は、シミュレーションや試行的実践を中心とした動的な過程になる。

（2）運営

　プログラムが完成し、少人数の参加者によるプレ実践によって実行可能性を担保した後、ワークショップ参加者を公募するための広報活動を展開する。公募により集まった参加者に対し本実践を行い、参加者の学習が促進されるようにファシリテーションする。本実践の模様はレポートや映像等で記録し、次の広報活動やメンバーの情報共有に利用する。

Chap. 1

Chap. 2

Chap. 3

Chap. 4

Chap. 5

Chap. 6

(3) 評価

　実践終了後反省会を行い、チェックリストなどでファシリテーションやプログラムの改訂に利用する情報を収集する。その情報をもとに形成的評価を行い、次回の実践に向けての改善点を洗い出す。対外的に総括的評価が必要になった場合には、参加者の学習の様相を明らかにするためのデータを収集し分析する。

ワークショップのステークホルダー

　企画・運営・評価というワークショップのデザイン過程は、誰がどのようにして行うのだろうか。ステークホルダーについて整理しておきたい（**図 1-13**）。

コアメンバー

ワークショップデザインの中心を担うグループである。通常 4 名程度で構成され、企画・運営・評価において中心的役割を担う。

クライアント

いわゆる発注者の役割である。コンセプト生成に制約を与え、参加者の立場にたってコンセプトを評価する。要求の具体を定式化する必要はなく、困っていることや不満を感じていることを条件化できればよい。独立して置かない場合はスーパーバイザーがこの役割を兼務する。

スーパーバイザー

ワークショップ経験が豊富なベテランであり、コアメンバーの企画・運営・評価のプロセスに助言を行う。独立して置かない場合は、コアメンバ

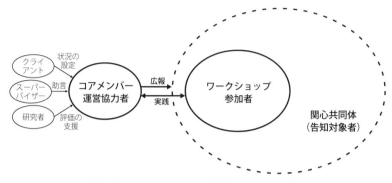

図1-13：ワークショップのステークホルダー

ーで最も経験がある者がこの役割を担う。

研究者
評価に関するデータ収集と分析の方法について助言を行う。依頼しない場合はコアメンバーの1名が方法を学び役割を果たす。

ワークショップ参加者
ワークショップの内容に関心を持ち、時間をとって会場に足を運んだ一般市民。参加者の背景は様々であり、実施する回によっても変化する。同じプログラムであっても、展開が大きく異なってくることもある。

関心共同体
ワークショップの広報をきっかけに、インターネットによってゆるやかにつながった関心を共有する共同体。ワークショップ参加者の基盤となるため、ソーシャルメディアによって日常的にこの共同体の構成を意識してお

く必要がある。

　ワークショップデザインは、経験による学習を生起させるために、ステークホルダーが協同して活動を構成する過程である。これらの構成はノンフォーマル学習として意図的に行われ、様々な領域において実践が積み重ねられている。本書では、デザイン過程のうち、第2章で企画について、第3章で運営について、第4章で評価について詳細を論じ、第5章においてデザイン過程を支えるワークショップ実践者の専門性発達、第6章において学習環境デザイン論の視座を提示することによって、ワークショップデザイン論の全体像を明らかにしていく。

Chap.
1

Chap.
2

Chap.
3

Chap.
4

Chap.
5

Chap.
6

第2章
Chapter 2

ワークショップを企画する

❖**本章の概要**❖

ワークショップデザインは、実践を企画するところから始まる。本章では、ワークショップの企画の手順として、コンセプトを生成し、プログラムを作成する方法について述べる。また、具体的なワークショップの事例について企画の観点から報告し、学習を生起するための企画の要件をまとめる。

| Section **1** | コンセプトの生成 |

1 ベテランの企画のプロセス

　ワークショップを実践するためには、当日までに様々なことを決めておかなければならない。まず何から手をつければよいのだろうか。

　森（2008）は、ワークショップを10年以上実践しているベテラン実践者の

Chap.
1

Chap.
2

Chap.
3

Chap.
4

Chap.
5

Chap.
6

Chap.
1

Chap.
2

Chap.
3

Chap.
4

Chap.
5

Chap.
6

企画のプロセスを明らかにするために、初心者とベテラン実践者の企画のプロセスの比較を行っている。それによると、初心者はコンセプトの決定を後回しにしたまま、いきなり時間軸に沿って詳細に企画を進めていた。一方、ベテラン実践者は依頼内容を丁寧に確認した後、まずコンセプトを固め、プログラム全体の構造を決定し、メイン活動から細部の作成へと段階を踏んで企画することが多い。

　本章では、ベテラン実践者の企画のプロセスを参考に、まずコンセプトの企画の方法から説明していく。

2　コンセプトとは

(1) コンセプトの定義
　ワークショップのコンセプトとは「何を創ることで何を学ぶワークショップなのか」をわかりやすく表現した、ワークショップの「活動目標」と「学習目標」を端的に記したものである。

> **ワークショップのコンセプトの形式：**
> ○○を創る（活動目標）ことで、○○を学ぶ（学習目標）

　活動目標と学習目標のどちらに重きを置くかは、実践者によって異なる。創ることの過程や成果を重視し、学ぶことはその質を高めるための手段として位置づけている場合もあれば、学びの過程を重視し、創り出す活動は考えを深めるための手段として位置づけている場合もある。

(2) ワークショップの学習目標

　ワークショップでは様々な学習が偶発的に生起され得るが、その中でも特に重視する学びの方向性を学習目標として設定する。ここで設定される学習目標は、活動に取り組む中で何が学べるのか、参加者にとって日常にどんな意味をもたらすものなのか、言語化したものである。

　ワークショップの学習目標は、①高次学習型、②省察型、③創発型の3タイプに分類できる。①高次学習型とは、単なる知識や技術の習得ではなく、学習者のものの見方の変化や、問題解決能力、批判的思考、創造性の育成など、複雑な学習を目指したものである。②省察型とは、何かを新たに身につけるのではなく、学習者が自身の暗黙の前提に気がつき、問い直すことで意味付けを変えたり、すでに学んだ価値観を棄却したりする学習である。③創発型とは、学習者がお互いに触発し合い、新しい視点やアイデアを創造するプロセスを集団の学習とみなす考え方である。いずれにせよ、従来の古典的なインストラクショナルデザインでは対応できなかった、行動レベルで事前に計画しにくいタイプの学習が目標とされる場合が多い。

　目標は1つに限らず、複数のねらいが期待されている場合もある。また、実践者の信念によっては、学習目標を事前に参加者に明示する場合もあれば、明示しない場合もある。創造的な活動に主眼を置いた実践では、学習はあくまで創造の「副産物」として位置づけ、目標外の学習が生まれることを積極的に奨励し、公式な教育を想起させる「学習目標」という言葉を避けるスタンスもある。

　実践者の意図に関わらず、創造的な活動の背後には豊かな学習が生起されている場合が多い。どのようなスタンスであっても、活動から学べる内容を十分に想像し、学習目標として記述しておくことは、実践の構造を理解し、よりよい実践を企画していく上でも重要な考え方である。

Chap. 1
Chap. 2
Chap. 3
Chap. 4
Chap. 5
Chap. 6

Chap.
1

Chap.
2

Chap.
3

Chap.
4

Chap.
5

Chap.
6

(3) ワークショップの活動目標

　ワークショップのプログラムは複数の活動によって構成されるが、コンセプトで記述する「活動目標」とは、プログラムのメイン活動となる、何か新しいものを創り出す活動を指している。ここで設定される活動目標は、普段は取り組まないような非日常的な内容であり、内発的な楽しさを持つものであることが望ましい。具体的に創る対象は、アート作品、アイデアやプラン、製品のプロトタイプ、など実践によって様々である。具体的なものを創るだけでなく、対話を通して共通の意味を創るもの、身体を使って何かを表現する形式もある。

　また、活動目標が学習目標を直接的に反映させた内容になっている場合と、学習目標とは一見関連のない活動に学習目標が埋め込まれている場合がある。前者は、例えば「CM作品を創ることでCM制作の手法を学ぶワークショップ」のような体験学習的なもの、後者は、例えば「CM作品を創ることで、メディア発信側の意図について考える（メディアリテラシーについて学ぶ）ワークショップ」のように、少しひねりのある制作活動を設定し、間接的に目標とする学習を誘発することをねらう場合である。

　活動目標と学習目標はどのような組み合わせであってもワークショップのコンセプトになり得るが、大事なことは、参加者にとって魅力的なコンセプトになっていることである。

3　コンセプト生成のステークホルダー

　第1章で述べた通り、デザインという行為は個人作業ではなく、多様な関係者（ステークホルダー）との相互作用を通して行われる社会的なプロセスである。コンセプトの生成におけるステークホルダーは以下の通りである。

（1）コアメンバー

　ワークショップの企画を進める中心メンバーである。様々なアイデアの種を出し合い、議論を重ねながら企画を進めていく。コアメンバーは1名で行う場合もあれば、集団で行う場合もある。集団で企画する場合は、企画が要件定義からズレないように、プロセスの進行管理を行うプロジェクトマネージャーを1名決めておくとよい。

（2）クライアント

　ワークショップの企画に対して要望を持っている、いわゆる依頼主である。企画に対して要求や現実的な制約を与え、コンセプトが要求の水準に達しているかを評価する立場である。外部発注者がおらず、自発的に企画する場合であっても、以下で説明するスーパーバイザーがクライアント役を兼務するとよい。擬似的にクライアントを設定することで、企画が目指す方向性を客観視することができ、水準を高めることにつながる。

（3）スーパーバイザー

　ワークショップ経験が豊富であり、様々な企画のバリエーションを知識として持っている企画の相談役である。コンセプトのアイデアが現実にワークショップとして機能するかどうかを、実践知に基づいてシミュレーションすることができるベテランに依頼できれば望ましい。依頼ができない場合は、コアメンバーの中で最も企画経験がある者がこの役割を担う。

4　コンセプト生成の手順

　ワークショップのコンセプトはどのようにして考えればよいだろうか。コ

Chap.
1

Chap.
2

Chap.
3

Chap.
4

Chap.
5

Chap.
6

ンセプトを思いつくプロセスは実践者によって多様である。解決したい問題から導かれる場合もあれば、社会的なトレンドから企画が始まる場合もあれば、面白い道具や素材の使い方のアイデアが出発点になる場合もある。様々な経験や刺激が相まって進行する創発的な過程であるため、その手順は一概には言えない。

　創造的な思考過程に関して大きな示唆を与えてくれるG.ワラスの有名な研究によれば、創造的なアイデアを生成するためには、十分かつ幅広い準備が必要であること、試行錯誤から離れて考えをあたためる時間が必要であること、生成したアイデアの妥当性についての検証が必要であること、などが指摘されている（Wallas 1926）。以上を踏まえ、本書では以下のような段階を意識しながらコンセプトを生成することを提案する（**図2-1**）。

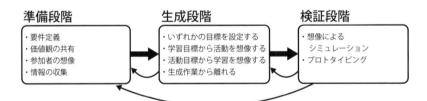

準備段階：必要な手がかりを収集しながらコンセプトの方向性を探る。
生成段階：具体的なコンセプト案を生成する。ときに生成作業から離れる。
検証段階：生成したコンセプト案の妥当性について検証する。

図2-1：コンセプト生成の3段階

基本的には準備、生成、検証の順に段階を進めていくが、必要に応じて準備段階と生成段階を往復したり、検証段階を経て再度生成を繰り返したり、ときには準備段階からやり直す必要もある場合もあるだろう。それぞれの段階においてなすべきことについて、以下で詳しく説明していく。

5　準備段階

準備段階では、コンセプトを考えるにあたって必要となる手がかりを幅広く集め、学習目標と活動目標の方向性を探っていく。具体的には、コアメンバーと協力しながら、（1）要件定義（2）価値観の共有（3）参加者の想像（4）情報の収集、の4つの作業に取り組む。

（1）要件定義

第一にすべき準備は、クライアントの依頼内容を確認し、企画に対する要望と制約を具体化し、満たすべき要件を定義することである。「要望」とは、クライアントが企画に期待する要求である。「制約」とは、予算、準備期間、実施はオフラインかオンラインか、使える道具や会場など、実践を成立させる上で考慮しなければならない条件である。

クライアントの初期の依頼内容は様々なものが考えられるが、例えば以下のようなものが考えられる。

・大学生向けに、将来についての考えを深められるワークショップを企画して欲しい。
・子ども向けに、LEGOブロックを使ったワークショップを企画して欲しい。
・会議で新商品のアイデアが出なくて困っている。

Chap.
1

Chap.
2

Chap.
3

Chap.
4

Chap.
5

Chap.
6

Chap.
1

Chap.
2

Chap.
3

Chap.
4

Chap.
5

Chap.
6

・社員同士の関係性が悪く、まとまりのないチームをどうにかしたい。

　初期の依頼段階では要望と制約が明確であることは少なく、むしろコンセプトを決定するには手がかりが不十分であることが多い。そのためクライアントへのヒアリングを通してできる限り具体的かつ幅広く意見を収集し、要件を具体化していく必要がある。特にクライアントの要望を満たすための十分条件については丁寧に掘り下げておきたい。生みだされるアイデアの質なのか、参加者の学習効果なのか、参加者の満足度なのか、それらの達成はどのように評価されるものなのか、要望の焦点を事前に明確にしておく。

　ただし、クライアントが企業や地域の複雑な問題の当事者である場合、クライアント自身も固定観念にとらわれ、適切な課題設定ができていない場合も少なくない。解くべき課題の設定を誤ってしまっては、その後どんなにワークショップの企画に工夫を凝らしても、望ましい成果は生まれない。クライアントと十分に対話を重ねて、ステークホルダー全員が納得できる要件を定義するプロセスから、ワークショップデザインは始まっている。適切な課題定義の技法については安斎・塩瀬（2020）で体系的に解説しているため、詳しくはそちらを参照していただきたい。

　すでに述べた通り、クライアントからの依頼ではなくコアメンバーが自発的に企画をする場合であっても、まるでクライアントがいるかのように架空の依頼内容を擬似的に記述しておくとよい。コアメンバーやスーパーバイザーの間で対話をしながら自分たちの企画の動機を企画要件として定義しておくことで、企画の目指す方向性を客観視することができる。例えば「何か面白いワークショップがやりたい」「子ども向けが良い」「素材はLEGOを使いたい」など、漠然と頭の中で思い描いている動機を具体化していき、要件を箇条書きで言語化しておく。これらは、検証段階でコンセプトの水準を検討

する際の判断基準にもなる。

> 要望：
> ・子ども向けに、LEGOブロックを使ったワークショップを実施する。
> ・創造性を発揮しながら「学び」に対する考え方が変わるような内容が望ましい。
> ・参加者の8割がアンケートで「満足」を回答するプログラムを目標とする。
> 制約：
> ・子どもにとって安全で、アクセスがしやすい会場を選ぶ。
> ・予算は3万円以内におさめる。
> ・3ヶ月後に実施する。

　要望と制約をある程度明らかにしたら、次の工程に進むことになる。しかし、事前のヒアリングだけで要望や制約の全てが明らかになるとは限らない。コンセプトが具体化していく過程で新たな要望が加わったり、次第に気づいていなかった制約が見つかる場合もある。また、企画の過程で実践者に強いこだわりが生起した場合、要望や制約について交渉が必要となる場面もあるかもしれない。以降の工程においても、必要に応じて随時クライアントとは対話を重ね、制約と要望もアップデートさせながらコンセプトの生成を進めていくとよい。

（2）価値観の共有

　依頼内容を確認して要望と制約をある程度明確にできたら、すぐに具体的なコンセプト案を考え始めるのではなく、コアメンバーが持っているそれぞれの価値観を共有する。具体的には、クライアントの要望に関連づけて、自分がこれまで経験したことや、普段感じている問題意識、関連する分野の話

題などを共有することで、お互いの価値観を理解していく。クライアントの依頼内容があまり具体的でない場合には、何のためにワークショップを実践するのか、どのような雰囲気で実践したいか、どのような学びを生起したいのかなど、実践する上で大切にしたい考えや趣味趣向も共有するとよい。これらが企画に直接役立つかどうかの判断はこの段階ではせず、できる限り素材を抽出する。

　特にコアメンバーが専門や関心が異なるメンバーで構成されている場合は、スムーズに話し合いを進められる土壌を作るためにも共有の時間を十分にとっておきたい。この段階でクライアントの依頼内容と、それぞれのコアメンバーの持つ価値観が結びつき、企画の軸となる共通の価値観が見つかれば望ましいが、無理にすりあわせる必要はない。この段階では、クライアントの依頼内容を十分に把握し、またどのような考えを持ったメンバーで企画を進めるのか、相互の理解を深めることが第一である。結果的に、ここで共有した価値観がその後のアイデアの重要なリソースにもなる。

(3) 参加者の想像

　依頼内容によっては、ワークショップの参加者があらかじめ決定している場合もある。そういう場合には、参加者の特性や参加動機について知ることができれば、コンセプトの手がかりになる。

　参加者を公募で集める場合でも、どのような参加者が想定されるかや、どのような参加者に参加して欲しいかについてコアメンバーで話し合っておくことで、コンセプトの手がかりが見つかる可能性がある。

(4) 情報の収集

　コアメンバーの知識や経験のみではアイデアが足りないと感じる場合には、

ワークショップの企画の参考になる情報の収集を行う。特に実践経験が浅いうちは情報収集に十分な時間をかけて、企画につながり得る素材を幅広く収集しておきたい。

アイデアのリソースとして第一に考えられるのは、「素材や道具」である。ワークショップは何かを創る活動が中心になるため、創作活動を支える魅力的な素材や道具が見つかれば、コンセプト案につながる可能性がある。例えば多様な工具や素材・材料類を扱った雑貨店や、美術館などに足を運んでみるとよい。思わぬ素材やその使い方の発想に、魅力的な活動目標のヒントが隠されていることがある。

第二に考えられるリソースは、「過去のワークショップの事例」である。現在は書籍やウェブサイト等で多くのワークショップの事例が参照できるため、コンセプトの参考になる。他人の考えたコンセプトをそのまま借用するのではなく、あくまでコンセプトを考える上でのヒントとして活用するとよい。道具の使い方や個別の活動など、企画の細部を参照するだけでなく、活動目標と学習目標がどのように結びついているのか、コンセプトの構造を分析しながら事例を収集することを心がけたい。

6　生成段階

生成段階では、具体的なコンセプトの案を考えていく。すなわち、ワークショップの「活動目標」と「学習目標」を決定し、「何を創ることで何を学ぶワークショップなのか」を具体的に言葉にする段階である。

コンセプト案はクライアントの要望を満たしていることが前提となるが、ワークショップの企画としては、非日常的かつ内発的な楽しさを持つ活動目標であることが必要である。また、学習目標は、活動目標によって誘発され

Chap.
1

Chap.
2

Chap.
3

Chap.
4

Chap.
5

Chap.
6

る学習が記述されており、かつ参加者にとって日常に意味をもたらす学習であることが望ましい。

> 活動目標：非日常的かつ内発的な楽しさを持つもの
> 学習目標：参加者にとって日常に意味をもたらすもの

　以上を踏まえ、準備段階で収集した手がかりをアイデアの源泉としながら、コアメンバーで議論をしながらコンセプト案を生成していく。

　授業や教材の設計手法である古典的インストラクショナルデザインと異なる点は、学習目標から逆算して分析的に活動を考えるのではなく、活動目標と学習目標を結びつけながらパラレルに生み出す創発的なプロセスをたどる点である。生成段階では、準備段階で集めた手がかりを参照しながら、（1）いずれかの目標を設定する（2）学習目標から活動を想像する（3）活動目標から学習を想像する（4）生成作業から離れる、という4つの行為を探索的に繰り返していく。

（1）いずれかの目標を設定する

　準備段階で集めた手がかりをもとにしながら、ワークショップの活動目標か学習目標かのいずれかを設定できないかどうか試みる。

　クライアントやコアメンバーのこだわりの傾向や企画の要件が、参加者の学びに焦点が当たっている場合には、まず学習目標から考え始めるとよいだろう。こだわりを整理し、①高次学習型、②省察型、③創発型、のどれに該当するかを確認しながら、参加者にとって日常に意味をもたらす内容になるように言語化し、学習目標の候補案を複数出していく。

　一方で、学習の方向性に対しては強いこだわりがなく、活動の内容や使う

素材や道具にこだわりが強い場合には、活動目標から考え始めるとよいだろう。収集した情報などをもとにしながら、参加者にとって非日常的かつ内発的な楽しさを持つ活動案を考え、ワークショップの活動目標の候補を複数出していく。

　傾向がどちらにも偏っておらず、特に制約もない場合には、コアメンバーで話し合いをし、自由に学習目標と活動目標の候補案を個別に出していく。全く手がかりがない場合は、過去のワークショップの事例を参照するとよい。

(2) 学習目標から活動を想像する

　学習目標の方向性がある程度見えてきたら、学習目標を軸にしながら活動目標を想像することが可能となる。具体的には、目標としている学習を積極的に誘発するには、どのような活動に取り組む必要があるかを想像することで、必要な活動案が見つかる場合がある。

　例えば、学習目標が、「あるテーマについて考えを深めること」であれば、そのテーマについて考えざるを得ない活動を設定する必要がある。学習目標が「新しい視点を獲得すること」であれば、古い視点に矛盾が起こるような活動や、視点を拡張せざるを得ない活動を設定する必要がある。あるいは、学習目標が「創造性の育成」であれば、普段の参加者の能力や方法を超えて新しいものを生み出す活動が必要となる。設定した学習目標に応じて、それを誘発する適切な活動案を想像してみるとよい。

　しかし忘れてはならないのは、ワークショップの活動目標は非日常的かつ内発的な楽しさを持っていなくてはならないという点である。

(3) 活動目標から学習を想像する

　活動目標の方向性がある程度見えてきたら、活動目標を軸にしながら学習

Chap. 1
Chap. 2
Chap. 3
Chap. 4
Chap. 5
Chap. 6

目標を想像することが可能となる。具体的には、目標としている活動に取り組んだ場合、参加者にどのような試行錯誤や発見が起こりそうか、どのような思考の深まりが期待できるか、どのような議論を誘発し得るか、想像してみるとよい。目標としても不自然ではない学習の方向性がいくつか見えてきたら、参加者にとって日常に意味をもたらす学習を目標として設定する。

(4) 生成作業から離れる

　新しいコンセプトを思いつくためには、グループの話し合いや、試行錯誤を一時中断し、生成作業から離れる時間を確保することも有効である。特に初心者のうちは、学習目標に縛られるあまりに、参加者にとって「つまらない」「説教じみた」コンセプトに陥ってしまうことがある。考えが煮詰まったときこそ、話し合いをやめ、別のことを考えたり、気分転換を挟んだりすることによって、アイデアを寝かせてあたためる時間を取るとよい。こうした問題から離れた「余暇時間」にブレイクスルーにつながるアイデアが生まれやすいことは、これまでの様々な研究でも指摘されている。

　時間的な余裕がない場合であっても、例えば「準備段階」に戻り、途中経過をもとにして要件定義を再度確認したり、コアメンバーで改めて価値観の共有を行ったり、外部の情報を追加で収集したりすることによって、コンセプト生成の重要な手がかりが見つかる可能性がある。

　以上、(1)〜(4)の過程を探索的に繰り返すことによって、相互に結びついた活動目標と学習目標を設定し、コンセプトの候補案を生成していく。

　活動目標と学習目標を並列的に考えながら結びつける作業には、ある程度の実践経験に裏打ちされた想像力が必要となる。企画の初心者のうちは、準備段階で集めた手がかりを参考にしながら、学習目標と活動目標のどちらか

を先に決めてしまったほうがコンセプトの生成をスムーズに進められるだろう。

また、生成段階では、意見の衝突を恐れてコアメンバー同士が互いに譲り合ってしまうと、メンバーの意見の最大公約数をとったような面白みのないアイデアになってしまうことも考えられる。質の高いコンセプトを生成するためにも、納得の行くまで十分にアイデアをぶつけ合い、ブラッシュアップさせていく姿勢も忘れてはいけない。

7　検証段階

検証段階では、生成したコンセプト案の妥当性を吟味・検討する。もし実践経験が豊富なスーパーバイザーがいる場合には、スーパーバイザーに意見を聞きながら生成したコンセプトを検討し、最も良いコンセプトを選定し、修正すればよい。スーパーバイザーの協力が得られない場合には、（1）想像によるシミュレーション、（2）プロトタイピング、を活用しながら、コアメンバーで十分に話し合った上で適切なコンセプトを検討する。

（1）想像によるシミュレーション

コンセプトの文面だけでは妥当性の判断はつきにくいため、架空の参加者を想定し、想像によるシミュレーションを行うとよい。この段階では具体的なプログラムの作成はまだ行っていないため、詳細に活動を想像することはできないが、コンセプトに沿って活動を展開したときに、どのようなプロセスでどのような作品が生まれそうか、あり得そうな可能性を想像してみることによって妥当性を検討する。

妥当性の判断基準は、クライアントの要望を満たしているかどうか、活動

Chap.
1

Chap.
2

Chap.
3

Chap.
4

Chap.
5

Chap.
6

が楽しさを持つものか、学習目標が参加者にとって意味をもたらすものか、活動目標と学習目標が結びついているか、プログラムとして展開可能かどうか、などである。

（2）プロトタイピング

　想像だけではシミュレーションできない場合は「プロトタイピング」を行う。プロトタイピングとは、主にプロダクトデザインで用いられている、設計の初期段階で性能を検討するためにモックアップなどの試作品を短時間で制作する手法である。ワークショップデザインにおいては、コアメンバーが参加者になったつもりで、コンセプトに従って作品を創ってみることでプロトタイピングを行う。この段階では細かい課題や条件などは決めずに、実際に手を動かしながら自由に仮の作品を制作してみるとよい。

　シミュレーションやプロトタイピングによって、課題や素材などの調整次第で楽しい活動になりそうか、想定していた学びにつながりそうか、素材と課題の相性は適切か、などの可能性を吟味し、コンセプト案として適切かどうかを検討する。あらためてクライアントの要望を満たすものになっているかどうかの確認も忘れてはならない。

　以上のようなシミュレーションやプロトタイピングの結果、課題や条件を調整しても面白いワークショップになる可能性が低く、修正の余地がないと判断した場合は、思い切って案を捨て、再び前の生成段階や準備段階に戻ってコンセプト案を考え直す。適切なコンセプトに修正できそうであれば、必要な修正を行い、最終決定する。

Chap.
1

Chap.
2

Chap.
3

Chap.
4

Chap.
5

Chap.
6

Section **2** プログラムの作成

1 プログラムのモデル

　コンセプトが決まれば、プログラムの大枠を決め、段階的に細部を構成していく。コンセプトが決定した時点で、プログラムのメイン活動の方向性は決まっていることになるが、たとえ活動の方向性が同じであっても、メイン活動の課題の設定やその前後の活動の構成によって、ワークショップで生起するプロセスは大きく異なる。コンセプトを実現するためには適切なプログラムを作成する必要がある。

　ワークショップのベテラン実践者は、コンセプトからプログラムを作成する段階で実践者に固有の「モデル」を利用している場合が多い。ここで言うモデルとは、活動を構成するための枠組みのようなものである。ベテラン実践者が利用しているプログラムのモデルは、ベテラン実践者が長い経験を通してつくりあげてきた実践論であり、実践者の信念や経験してきたワークショップの性質などによって異なる。ゆえにワークショップのプログラムの構成には様々なバリエーションが考えられるが、本書では、経験学習理論を基盤とした以下の4段階をワークショップの基本構造とし、プログラムを作成

図2-2：プログラムの基本モデル

する際のモデルとして提案する（**図2-2**）。

・導入
　ワークショップの概要説明、文脈設定、参加者同士の自己紹介を行い、活動への導入を行う。また、テーマに基づいて過去の経験や意見、多様な事例を共有し合う。

・知る活動
　講義や資料の調査などを通して新しい情報を収集し、話し合いを通して知識化する。その知識を使って過去の経験を振り返ったり、後の「創る活動」のための準備をしたりする。

・創る活動
　集団または個人で、新しいものを創り出す活動に取り組む。ワークショップにおけるメイン活動である。

・まとめ
　創りだした成果物について発表し、共有する。また、ワークショップの活動を振り返り、経験に意味付けを行い、今後学んだことを応用できる状況はないか考え共有する。

　これら4段階の活動を有機的に展開していく過程全体が「創ることで学ぶ活動」であり、本書で扱うワークショップの基本的な流れである。

Chap.
1

Chap.
2

Chap.
3

Chap.
4

Chap.
5

Chap.
6

2 プログラム作成のステークホルダー

プログラム作成におけるステークホルダーは、コンセプト生成におけるステークホルダーとほとんど変わりない。

Chap.
1

Chap.
2

Chap.
3

Chap.
4

Chap.
5

Chap.
6

(1) コアメンバー

コンセプト生成に引き続き、プログラム化を進める中心メンバーである。複数名でプログラム化を行う場合は、要件の達成に責任を持つプロジェクトマネージャーを決めておくとよい。

(2) クライアント

現実的な制約を調整し、参加者の立場に立ってプログラムを評価する。

(3) スーパーバイザー

プログラムの時間や課題の難易度についてモニターし、不適切な点にコメントをする。

(4) 研究者

後に実践の評価を行う場合は、プログラムのどのタイミングでどのようにデータを収集すべきか、アドバイスをする。依頼しない場合はコアメンバーの1名が方法を学び役割を果たす。

3 プログラム作成の手順

Chap.
1

Chap.
2

Chap.
3

Chap.
4

Chap.
5

Chap.
6

　プログラムの作成を進める際には、導入から順番に考え始めるのではなく、まず活動の中心となる「創る活動」の課題設定から考えていく。ここでは、目標とした学習が誘発されるように、試行錯誤を要する適切な制約を設定する必要がある。また、課題に取り組むグループの人数や、使用する道具や素材など、詳細な条件を設定する。

　続いて「知る活動」を作成する。知る活動は創る活動の直前に位置するため、創る活動に有用な情報を選定し、その情報を得るための適切な活動形式を設定する。

　続いて「導入」を作成する。ここでは、参加者を活動に動機づけられるようなイントロダクションの内容を考える。また、参加者同士の関係性を構築しながら、メインテーマに関する思考を深められるようなアイスブレイクの活動を設定する。

　続いて「まとめ」を作成する。ここでは、創る活動の成果物を参加者同士でスムーズに共有できるようなプレゼンテーションの形式を決め、学びを日常に活かせるようなリフレクションの活動を設定する。

　以上の手順でプログラムの進行表を作成したら、最後に適切なプログラムになっているかどうかの検討を行う。

> **プログラム作成の手順**
> ・創る活動の作成
> ・知る活動の作成
> ・導入の作成
> ・まとめの作成
> ・プログラムの検討

それぞれの手順について、以下で詳しく説明していく。

4　創る活動の作成

　決定したコンセプトをもとに、ワークショップのメイン活動となる「創る活動」の課題をより具体的に設定する（**図2-3**）。創る対象はアート作品、アイデア、プラン、レポートなど、ワークショップの目標や実践者の志向に合わせて様々なバリエーションが考えられるが、重要なことは、手や身体を動かしながら思考を具体的に目に見えるものにする制作活動を組み込むことである。具体的な作業を伴う活動は没入しやすく、その結果、抽象的な思考にとどまらない身体性を伴った気づきが期待できるほか、あとで語ったり振り返ったりするための目に見える素材ができることにもつながる。

　ただし、課題設定の仕方によって、ワークショップは退屈なものにも歯ごたえのあるものにもなり得るため慎重な検討が必要である。実践当日に順調

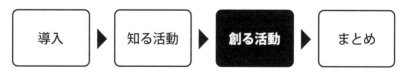

図2-3：「創る活動」の作成

に活動が進んでいるように見えて、グループ内で特定の人ばかりが意見を出していたり、ねらった学習が誘発されていないというケースも少なくない。

　しかしながら、適切な課題を設定するのはそう簡単なことではない。課題設定を考える際には、「楽しさと葛藤」「自由と制約」「日常と非日常」という3つの観点から課題のバランスを調整し、条件を検討していく必要がある。

(1) 楽しさと葛藤の調整

　ワークショップの創る活動は、参加者が自ら参加し取り組みたいと思える「楽しさ」を含んだ課題であることが第一である。魅力のないワークショップに参加者を集めることは困難であり、たとえ集められても活動が持続しないだろう。ところが、くつろいだ状態でも取り組めるような「ゆるい」楽しさだけでは、挑戦や試行錯誤が起こりにくく、学習にはつながらない。

　創る活動から学習を誘発するためには、課題に何らかの「葛藤」の要素が埋め込まれており、何らかの工夫や努力がなければ乗り越えられないハードルとなっている必要がある。"普段の自分"のままでは乗り越えられない課題に直面したとき、私たちはときにいつもと違ったやり方を試したり、いつもと違った視点からものごとを眺めたり、いつもと違った意見に耳を傾けたりする。そこに学習がある。

　葛藤状況は参加者にとって一時的に苦しい時間となるが、それを試行錯誤しながら乗り越えるプロセスには、発見を伴った知的な楽しさがある。また、個人の力で乗り越えられない課題を設定することは、他の参加者と協同する意味も生まれる。楽しさと葛藤をうまく両立させながら、「Hard-Fun（くるたのしい）」な課題を設定することが重要である。

（2）自由と制約の調整

　ワークショップは創造的活動を前提とするため、参加者1人ひとりの経験の過程を詳細にコントロールするよりも、ある程度プログラムに「自由度」を持たせる傾向にある。あえて自由度を持たせることによって、予期せぬアイデアの創発の可能性が高まるほか、参加者1人ひとりにとって意味のある参加者固有の学習が生起されやすくなる。

　ところが、自由度を尊重するあまり、課題の「制約」をゆるめ過ぎると、参加者は何に焦点化して課題に取り組めばよいのかわからなくなり、かえって試行錯誤や創造性が阻害される恐れがある。思考や議論に一定の深まりを出すためには、焦点をつくり出すための「制約」を設定する必要がある。ワークショップの学習目標を思い出し、「参加者に何について深く考えて欲しいか」と、同時に「何については考えなくてよいか」を検討し、思考の方向づけをするための適切な制約を設定したい。

　もちろん制約はとにかく強ければよいというものではない。強過ぎる制約は足枷へと変わり、自由度を奪う。特に道具の使い方や制作の手続きなど、活動のプロセスに対して制約がいくつも存在すると、活動が煩雑で面倒になり、参加者のモチベーションを阻害することにもつながる。闇雲に課題の難易度を上げるのではなく、目標とした学習にねらいを定めて、試行錯誤と熟慮に深みを増すためのシンプルな制約を設定したい。

（3）日常と非日常の調整

　創る活動の課題は「非日常的」な切り口で設定され、参加者を惹きつける内容であることが有効である。いつもと違った新奇な視点から取り組む活動は、参加者にとっての楽しさにつながるだけでなく、固定観念にとらわれない新しいアイデアや発見が生まれやすくなるため、本質的に「創ることで学

Chap. 1
Chap. 2
Chap. 3
Chap. 4
Chap. 5
Chap. 6

ぶ活動」を豊かにしてくれる。

　一方で、奇をてらうあまり、現実からかけ離れた課題にしてしまうと、経験を「日常」に紐づけて意味づけすることが困難になり、学びを日常に転移させにくくなる。非日常的な切り口で課題を設定しながらも、その試行錯誤の過程に日常に接続するテーマが埋め込まれた構造を意識しなければならない。

　以上の「楽しさと葛藤」「自由と制約」「日常と非日常」という3つの観点から課題のバランスを調整し、コンセプトに合った適切な課題を設定する。同時に、課題に取り組むグループの人数、使用する道具や素材、課題の制限時間、成果物の発表方法などの細かい条件も、創る活動の過程に影響を与える重要な条件であるため、スーパーバイザーの意見を聞きながら適切な設定になっているかどうかを検討し、プログラムの進行表を作成する。

5　知る活動の作成

　創る活動を作成したら、それに必要な知識を獲得するための知る活動を作成する（**図2-4**）。まず創る活動に必要な情報を選定し、それを得るための適切な活動形式を決める。

（1）必要な情報の選定

　知る活動では、創る活動に取り組む際に有用となる情報を提示する必要がある。どのような情報が有用かを選定するには、仮に知る活動を行わずに、いきなり参加者に創る活動の課題に取り組ませたとしたら、スムーズに制作が可能かどうか、戸惑う点はないかどうか、どのような話し合いが生まれそうか、シミュレーションをするとよい。

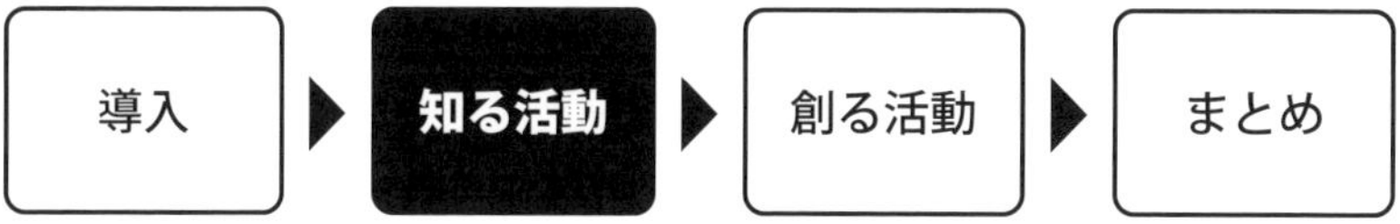

図 2 - 4 : 「知る活動」の作成

　課題の切り口の非日常性が強く、難易度の高い制約を設けている場合は、導入からいきなり課題に取り組むには準備が足らなかったり、過去の経験や固定観念にとらわれてしまってありきたりなアイデアしか出ない場合が考えられる。そこで、創る活動の素材や型となるような情報を提供したり、すでに持っていた固定観念に揺さぶりをかけ、それまで当たり前だと思って自覚していなかった前提に気がつけるような情報を提供することで、創る活動の過程をより豊かなものにすることができる。

　具体的には、テーマに関連する専門的な知識、制作の方法に関する知識、制作の手がかりとなる情報、自己や他者に関する知識、固定観念に一致しない知識、などが挙げられる。ただし、特定の考え方を一方的に押し付けたり、与えた知識をそのまま活用するだけにならないように注意が必要である。提示する情報は、制作に直接使えるものではなく、活用にあたって試行錯誤が必要な広がりのある内容を選ぶとよい。また、あまり専門的過ぎず、参加者が過去の経験を掘り起こせば理解できる程度の内容であることも大切である。学習目標と活動目標を参照しながらも、適切な内容を選定する。

(2) 活動の形式の決定

　提示する情報を選定したら、それを得るための活動の形式を決定する。

　例えば、専門的な知識や制作の方法について知る場合は「講義」や「資料

Chap.
1

Chap.
2

Chap.
3

Chap.
4

Chap.
5

Chap.
6

の調査」などが適切である。ワークショップは「講義ではない」と表現されることが多いが、ワークショップの熟練者は知る活動の一部として講義をうまく活用していることが多い。また、商品開発やデザインが課題であれば、既存の商品や人の振る舞いを丁寧に「観察」し、新奇な発見を見つける活動を組み込む形式も一般的である。あるいは自己理解や他者理解が学習目標であれば、自己についてじっくり振り返ったり、他者へのインタビューなどを通して付せん紙などに要素を抽出し、お互いについての理解を深めていく形式も一般的である。

　情報を得たあとは、そのまま創る活動に移行するのではなく、得た情報をもとに自分の経験を振り返ったり、参加者同士で話し合いながら理解を確認したりして、情報を咀嚼して知識化する活動を組み込むことも重要である。1人ひとりの考えを深め、意見を素材として抽出しておくことで、創る活動の話し合いを活性化することにもつながる。

6　導入の作成

　導入（**図2-5**）は、一般的に「イントロダクション」「アイスブレイク」と、必要に応じて「意見共有」で構成する。それぞれを順番に作成し、導入の進行表を作成していく。

（1）イントロダクションの作成
　イントロダクションとは、ワークショップの概要説明である。主催者の挨拶とともに、ワークショップの趣旨、プログラムの流れなどについて説明する。ここで重要となるのは、参加者の興味や関心を惹きつけ、活動に取り組みたくなるような文脈を設定することである。例えば、テーマに関する象徴

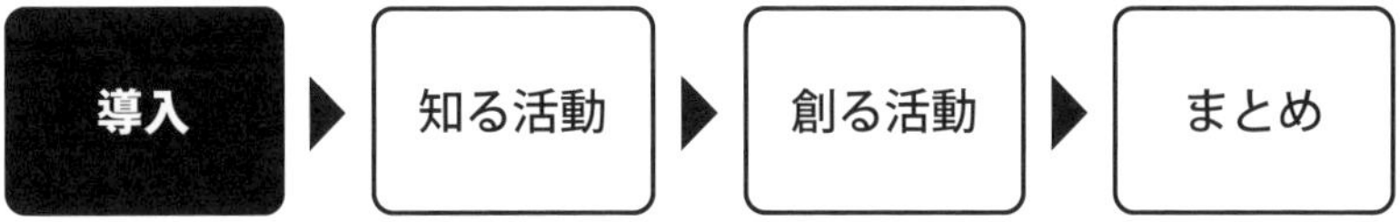

図 2 - 5：「導入」の作成

的な事例を紹介したり、学習目標に関連づけた問いかけを行ったり、活動目標の非日常性を強調した魅力的な演出などを簡潔に行うと効果的である。

（2）アイスブレイクの作成

　アイスブレイクとは、参加者の緊張をほぐし、参加者同士の関係を構築するための活動である。お互いの顔が見える状態で、名前や所属などの自己紹介を行う形式が一般的である。それに加えて、身体を動かす活動、人となりが表に出るような活動、お互いに承認を行う活動を埋め込むことで、緊張がほぐれやすく、関係もつくりやすくなる。

　アイスブレイクにおいて重要なことは、緊張の緩和や関係性の構築だけを目的とせず、何らかの形でワークショップのコンセプトや、知る活動や創る活動への関連性が感じられることである。文脈から切り離されたアイスブレイク活動は参加者にとって不自然であり、逆に戸惑いを感じる可能性もある。自己紹介をテーマに関連した内容にするなどして、自然な形で続く活動へ導入していける構成を意識したい。

（3）意見共有の作成

　意見共有とは、ワークショップのテーマに基づいて、日常の中ですでに経験したことを参加者で話し合い、参加者の価値観や多様な事例を共有する活

動である。独立して行わず、アイスブレイクや「知る活動」とひとまとまり
で実施する場合も多い。例えば、付せん紙にテーマに関する思い出や自分の
現時点のアイデアについて記入し、参加者同士で共有しながら話し合うなど
の活動が一般的である。

7　まとめの作成

まとめ（**図 2-6**）は、一般的に「プレゼンテーション」「リフレクショ
ン」「ラップアップ」の3つの活動で構成する。それぞれを順番に作成し、
まとめの進行表を作成していく。

（1）プレゼンテーションの作成

プレゼンテーションとは、制作した作品に込めた意図について発表し、参
加者同士で共有する活動である。通常、創る活動に取り組んでいる間は、活
動そのものに没入しているため、成果物について言葉にする余裕はない。語
ることによって成果物に対して積極的な意味づけが行われ、学習を生み出す
問題意識がそこから湧き出てくる。また、一方的に発表するだけでなく、参
加者同士で成果物を鑑賞したり、質問や意見を交わしたり時間を設けること
で、作者自身が気づかなかった発見や解釈が得られることがある。

発表や鑑賞にあたって、成果物について簡潔に説明し、相互に意見を交換
しやすいフォーマットを考えておくとよいだろう。例えば発表の形式には、
模造紙やスケッチブック等に概要を記したり、簡単な演劇形式で発表するな
ど、様々なバリエーションがある。

導入 ▶ 知る活動 ▶ 創る活動 ▶ **まとめ**

図2-6：「まとめ」の作成

(2) リフレクションの作成

リフレクションとは、ワークショップの活動全体を振り返り、体験に意味づけをしたり、気がついたことを言葉にすることである。リフレクションでは、テーマに関する議論を深めたり、今後学んだことを応用できる状況はないか考え、参加者同士で共有を行う。具体的には、例えばまず個人で感想や気づきをシートに記入し、グループで共有する活動を設けたり、ワークショップのテーマに関連する問いを設定し、議論する時間を設けたり、様々なバリエーションが考えられる。大事なことは、学習目標と対応したリフレクションになっていることである。

ワークショップ中は没入しているため、数時間前のことでも忘れてしまっている場合がある。活動中の写真記録や映像記録などを撮っておき、リフレクションの素材として提示してもよいだろう。

(3) ラップアップの作成

ラップアップとは、ワークショップについて主催者からまとめ、終了の挨拶を行うことである。

ラップアップで話す内容は実践者の嗜好によって決めればよい。例えば、特にまとめをせずに終了する場合もあれば、学習目標に対応した問いかけを行ったり、企画者の意図について説明する場合もあるだろう。

Chap.
1

Chap.
2

Chap.
3

Chap.
4

Chap.
5

Chap.
6

また、企画段階ではラップアップの内容は作成せず保留にしておき、ワークショップ当日にリアルタイムで作成する形式も一般的である。例えば、ワークショップ中の写真や映像記録をリアルタイムで数分感のムービーに編集し、その上映をラップアップとする方法がある。あるいは、リフレクションの参加者の話し合いに耳を傾けながら、主催者なりの整理や考察をその場でまとめ、最後にラップアップとして伝える方法もある。

いずれにせよ、ワークショップにおいて重要なことは創造的な活動を通して参加者にとって意味のある学習が生起し、それを日常に持ち帰れることである。企画者側の意図や結論を無理に押し付けるのではなく、その場で起きた参加者の学びを尊重したラップアップを意識したい。

8　プログラムの検討

おおまかに全ての活動を構成したら、プログラムの内容と構成を丁寧に検討しながら、細部を決定していく。具体的には「想像によるシミュレーション」と「プレ実践」を行う。

(1)　想像によるシミュレーション

まず、実際の参加者の具体的な振る舞いや会話のやり取り、それに伴うスタッフの運営の進め方について想像し、シミュレーションを行う。プログラムの進行表を作成し、詳細な時間配分、当日のスタッフの役割分担、ファシリテーターが参加者に伝えるべき内容や、参加者への関わり方の方針、会場の空間レイアウト、各活動に必要な道具や素材の確認、などを書き込んでおくとよい。

ただし、ワークショップはプログラムに一定の自由度を持たせている場合が多く、参加者の当日の振る舞いや相互作用によって即興的に活動が展開さ

れる場合が多いため、当日になってみないとわからないことも多い。事前に決められない部分に関しては無理に決定せず、様々な可能性をシミュレーションしながらも保留にしておき、当日の状況に応じて柔軟に判断するようにする。

スーパーバイザーとクライアントにプログラムの検討を依頼し、参加者の安全や会場の問題などの現実的制約について確認しておくとよい。

（2）プレ実践

スーパーバイザーがおらず、企画したプログラムに不安がある場合は、実験的にプレワークショップを実施し、プログラムの検証を行うとよい。友人や知人を中心に参加者を募り、創る活動だけでも想定通りに実践が可能かどうか検証しておくとよいだろう。プレ実践では写真・映像によって実践の様子を記録をし、参加者へのアンケートやインタビューを通して、プログラムとして望ましいかを検討し、改善点を収集する。

以上、経験学習理論を基盤としたプログラムのモデルを基礎としながら、プログラムの企画の方法について説明してきたが、必ずしも4段階の構成にとらわれる必要はない。プログラムのモデルを型として参考にしながらも、重要なことは、あくまでコンセプトの実現を軸に置きながら、参加者の「創ることで学ぶ活動」を支えるための適切なプログラムを構成することである。

| Section 3 | 事例：資生堂グループ「TRUST 8」 |

ワークショップの企画の事例として、2018年に筆者（安斎）が代表を務め

Chap. 1
Chap. 2
Chap. 3
Chap. 4
Chap. 5
Chap. 6

> ### 「TRUST 8」ワークショップ
>
> 【場所】資生堂内
> 【コンセプト】行動指針を1つ差し替え、実写ポスターで表現することで、現場目線で行動指針の理解を深めるワークショップ
> 【参加者】資生堂グループ社員

る株式会社MIMIGURIが資生堂の依頼で実施した理念浸透のためのワークショップについて報告する。まず実践の背景と概要について述べた後、実際の企画のプロセスについて述べる。

1 実践の背景

本ワークショップは、株式会社資生堂の依頼を受け、筆者（安斎）が中心となって企画と実践を行ったものである。当時、資生堂グループは組織ビジョン「VISION 2020」を掲げ、その実現に向けてグローバル共通の行動指針である〈ワーキング・プリンシプル「TRUST 8」〉を全世界のグループ社員一人ひとりに浸透させようとしていた。「TRUST 8」は、8つの行動指針「THINK BIG」「TAKE RISKS」「HANDS ON」「COLLABORATE」「BE OPEN」「ACT WITH INTEGRITY」「BE ACCOUNTABLE」「APPLAUD SUCCESS」で構成される（**図 2 - 7**）。

資生堂グループ社員は世界中に在籍し、その数は46000人（2018年時点）に達する。国籍も業務内容も異なる全社員に対して、「TRUST 8」をどのように自分ごととして浸透させていくのか、世界規模での展開を想定したプロジェクト設計と大規模ファシリテーションが求められていた。仮に30人ずつに「TRUST 8」の理解を深めるワークショップを実施するとしたら、46000人に浸透させるためには1500回以上のワークショップが必要である。これを筆者らだけで遂行することは現実的ではない。さらに資生堂グループは、日

本、中国、アジア、アメ
リカ、ヨーロッパなど、
国内外に広く展開されて
いる。それゆえに、社内
の各部署のリーダーたち
が、自分たちのチームに
行動指針を現場浸透させ
るためのワークショップ
をファシリテーターとし

**図 2 - 7 ：資生堂グループが掲げる行動指針
「TRUST 8」（※2018年当時のもの）**

て実施する運営体制が必要だった。そこで、筆者らMIMIGURIは、熟達し
たファシリテーターでなくても運営できるワークショップを企画し、リーダ
ー層向けのワークショップの実施、社内ファシリテーター育成のためのファ
シリテーションマニュアルや映像教材の制作を行うことで、全社への理念浸
透を試みた。

2　実践の概要

（1）コンセプト

　掲げられている 8 つの行動指針の言葉の意味を頭で理解するだけでは、心
の底から納得し、現場で活かすことはできない。従業員一人ひとりが自分自
身の置かれた立場や目線から「TRUST 8」の理解を深め、ビジョンの実現
に向けたイメージを持てることが重要である。そこで、「行動指針に優先順
位をつけ、1 つだけ差し替える」「差し替えた行動指針が実現した状態を、
実写のポスターで表現する」ことを活動目標とした。

　具体的には、8 つある行動指針を自チームの文脈に照らし合わせ、優先順

表 2 - 1：ワークショップのプログラム

時間	内容	概要
00：00 - 00：45	導入	・ワークショップの趣旨と流れの説明・動画視聴 ・参加者同士のアイスブレイク
00：45 - 01：00	知る活動	・チームで重要な指針を 3 つ選ぶ
01：00 - 01：40	創る活動①	・チームで指針を 1 つ差し替えるとしたら？
01：40 - 01：50	休憩	
01：50 - 02：25	創る活動②	・行動指針が実現した実写ポスターを撮影する
02：25 - 03：00	まとめ	・作品の発表 ・振り返り

位の低い行動指針を 1 つ削除し、新たに 1 つオリジナルの指針を追加することを活動案とした。そうして差し替えた新たな 8 つの行動指針を自チームで実現した様子を思い浮かべて実演し、写真撮影することでポスターを制作する。その過程で、自チームにとっての行動指針の意味を深く理解することが学びのねらいである。

　以上をまとめると、本ワークショップのコンセプトは「行動指針を 1 つ差し替え、実写ポスターで表現することで、現場目線で行動指針の理解を深めるワークショップ」と記述することができる。コンセプトに基づいて構成されたワークショップのプログラムとタイムテーブルが**表 2 - 1**である。

（2）導入

　導入では、イントロダクションとして、ファシリテーターからワークショップ開始の挨拶を行ったのちに、経営層があらかじめ「TRUST 8」について解説した動画を制作しておき、それを視聴する時間を取った。その後、アイスブレイクとして、数名のグループで「TRUST 8」の 8 つの指針のうち、

自分がすでに実践できている指針とできていない指針を1つずつ選び、それを数名のグループで紹介しあう活動を行った。行動指針を手元で参照しやすいように、カード型のツールを準備した（図2-8）。

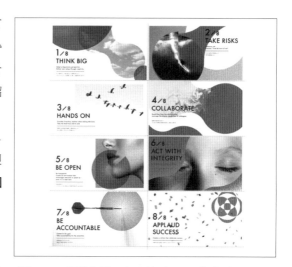

図2-8：行動指針のカード（※2018年当時のもの）

（3）知る活動

　知る活動では、創る活動の下準備として、数名のグループで「自分のチームに特に重要だと思う3つの指針」について話し合った。「この指針は、自分たちには欠かせないだろう」「それはわざわざ掲げなくてもすでに実現できている。それよりも、この指針を含めたほうがいいのではないか？」などと、現場の実態に合わせた具体的な意見が飛び交っていた。

（4）創る活動①

　創る活動は2段階に分けて設計した。まず、創る活動①では、知る活動の意見交換を踏まえて、「もし行動指針を1つ削除し、新たに1つ追加するとしたら？」という問いを投げかけ、行動指針を再編集する話し合いを行った。削除するといっても、全社として掲げる行動理念は全てが重要で、不要なものはないはずである。しかし、8つの行動指針をよりチームの文脈に合わせて実践しようとしたときに、部署やチームによっては、すでに実現でき

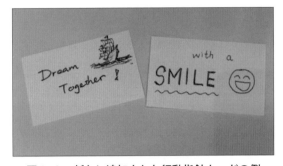

図2-9：新たに追加された行動指針カードの例

る指針もあれば、別の言葉に言い換えたほうがわかりやすくなる指針もあるだろう。「1つだけ差し替える」という制約のもとで話し合うことで、行動指針に対する多様な意味づけがなされ、学習目標の達成が期待できる。

筆者（安斎）がファシリテーターとして実施した役員チーム対象のワークショップでは、行動指針を定めた役員の参加者が率先して「どれを壊そうかな？」「これは自分的には譲れないな！」「自分たちのチームは、この行動指針はもう実現できているから削除して、代わりに"Smile"を入れようか？」などと、楽しみながらワークを進めている様子がみられた（**図2-9**）。

(5) 創る活動②

続いて、創る活動②では、創る活動①で作成した新たな行動指針をチームで実現したときの状況やイメージを思い浮かべて、その様子を写真で撮影して、実写のポスターで制作するワークを行った。ワークショップを実施した会議室の中だけでなく、時間内であれば撮影場所は自由とした。

(6) まとめ

創る活動で制作したポスター作品をプロジェクタで投影しながら、各グループから作品に込めた意図のプレゼンテーションを行った。その後、活動を振り返り、ビジョンの実現、行動指針の実行に向けて、参加者一人ひとりが

Chap. 1
Chap. 2
Chap. 3
Chap. 4
Chap. 5
Chap. 6

具体的に意識したいことや、実践したいアクションを表明して、ワークショップを終了とした。

3　企画のステークホルダー

本ワークショップの企画におけるステークホルダーは以下の通りである。

（1）クライアント
　本ワークショップは、株式会社資生堂の人事部からの依頼で実施した。人事部の部長及びグループマネージャーの2名が代表して依頼内容の説明や企画の検討、社内調整などを行った。

（2）コアメンバー
　企画を中心となって進めた筆者（安斎）のほか、株式会社MIMIGURIのメンバー3名（和泉裕之、東南裕美、雨宮澪）も企画の検討と意思決定に関わった。

（3）スーパーバイザー
　筆者（安斎）が兼任した。

（4）社内ファシリテーター
　本プロジェクトは、筆者らが企画したプログラムを、資生堂の各部署のリーダーが社内ファシリテーターとして運営することを想定していた。社内ファシリテーターに対して別途研修を行ったほか、コアメンバーが作成したマニュアルや映像教材などで補助を行った。

Chap. 1

Chap. 2

Chap. 3

Chap. 4

Chap. 5

Chap. 6

4　コンセプト生成のプロセス

Chap.
1

Chap.
2

Chap.
3

Chap.
4

Chap.
5

Chap.
6

　本ワークショップは、企画と実施を含めて約 5 ヶ月間かけて進めた。最終的なコンセプトである「行動指針を 1 つ差し替え、実写ポスターで表現することで、現場目線で行動指針の理解を深めるワークショップ」に至るまでの過程について説明する。

(1)　準備段階：要件定義

　準備段階として、クライアントからプロジェクトの背後にある想いや問題意識、ワークショップで実現したい要望、予算、実施までの準備期間などの具体的な要件の確認を行った。クライアントの要望は「TRUST 8」を「知っている」だけでなく現場の感覚として「腹落ち」した状態まで浸透させたいこと、そのプロセスを堅苦しい研修ではなく、楽しく学べるワークショップで推進することを期待していた。

(2)　準備段階：価値観の共有

　コアメンバーである株式会社MIMIGURIの企画チーム 4 名で、ワークショップを実践する上で大切にしたい価値観について話し合った。クライアントの依頼内容も踏まえて、以下の 3 点を「大切にしたい価値観」として共通認識を形成した。

Chap.
1

Chap.
2

Chap.
3

Chap.
4

Chap.
5

Chap.
6

- 行動指針をトップダウン的に押し付けるのではなく、「私」や「チーム」を主語にしながら再編集する活動にする
- 活動を強制するのではなく、思わずのめり込んでしまうように遊び心とひねりのある活動にする
- ファシリテーションスキルに依存しない、全世界どの部署でやっても成功する安定したプログラムにする

（3）準備段階：参加者の想像

　本ワークショップの参加対象者は、資生堂グループの従業員46,000人（2018年当時）である。国籍や職種が多様な参加者がいることを考慮した。

（4）準備段階：情報の収集

　この時点で、「行動指針を再編集する遊び心ある活動を通して、現場目線で行動指針の理解を深めるワークショップ」というコンセプトの方向性は決まっていた。活動を具体化するにあたって、遊び心ある制作活動のモジュールを過去のワークショップ事例から収集した。またそれらに必要な素材や道具、国籍や文化差によって影響が出ないかどうかについて下調べを行った。

（5）生成段階：コンセプト案の生成

　具体的な活動目標の案を複数生成した。実際に作成した案の候補は以下の通りである。

案１：各行動指針の象徴的なポスターを制作する……各チームで大切にしたい行動指針を１つ選び、コラージュや実写でポスターを制作する。思

い入れのある手作りの作品をオンライン上のギャラリーに展示する。

案2：1つだけ差し替えた「TRUST 8'」のコンペをする……チームごとに「もし1つだけ行動指針を差し替えるとしたら」と考え、新たな行動指針「TRUST 8'」を提案し、全社でコンペティションを実施する。

案3：行動指針の実現を阻む「モンスター」を制作する……職場において行動指針の実現を阻害する要因を想像し、それをモンスターや妖怪などに擬人化して表現する。日常業務でモンスターを意識しながら働くことができる。

案4：チームが行動指針を実現した「表紙」を制作する……職場において行動指針を実践し、ビジョンを達成した2020年に、自チームで「自伝」のような仕事録を出版するとしたら どのような書籍を出版するかを思い描き、タイトル・概要・帯のイメージを考える。

(5) 検証段階：想像によるシミュレーション

　生成した4案について、要件と大切にしたい価値観を満たすものかどうか、コアメンバーとクライアントで検討を行った。実際に各国で働く資生堂社員が参加する様子、それを社内ファシリテーターが進行する様子を想像しながら、各案のそれぞれに魅力があることを確認した。案1の「ポスターを制作する」という活動は、スマートフォンなど撮影機器さえあれば実施できることから、全世界で提案しやすく、楽しめそうな活動であること。案2の「1つ差し替える」という切り口は、トップダウン的になりがちな理念浸透のプロジェクトにおいてボトムアップ型の内発的動機を駆動する仕掛けとして秀

逸であること。案3の「実現を阻むモンスターや妖怪を制作する」という活動は、動機付けられるほか、ワークショップが終わった日常にも意識を継続できるため、浸透に貢献しそうであること。ただし、日本人にとっては「悪事の根源を"妖怪"に帰属させること」は馴染みのある考え方であるが、他の国や文化で共通するかどうかは確信が持てないことや、道具や素材などの調達コストが懸念された。案4は、「実現した姿を思い描き、表現する」という活動は、未来のビジョンの達成に向けた前向きな活動として、高評価を得た。

　以上を踏まえて、活動案を「行動指針を1つ差し替え、実現した様子を実写ポスターで表現する」「行動指針の実現を阻む要因をモンスターで表現する」の2つにまとめ、絞り込み、それぞれをクライアントである人事部のメンバーを対象に「プロトタイピング」を行った。

　結果、どちらも実践はうまくいき、学習目標の達成も期待できたものの、全世界の社員を対象に展開すること、その際の準備コストなどを勘案して前者の案を採用し、コンセプトを「行動指針を1つ差し替え、実写ポスターで表現することで、現場目線で行動指針の理解を深めるワークショップ」として決定した。

5　プログラム作成のプロセス

（1）創る活動の作成

　コンセプトに基づいて、メインの創る活動の課題を具体的に設定した。活動目標である「行動指針を1つ差し替え、実写ポスターで表現する」ことは、同時に進めるにはやや複雑である。したがって、活動目標を「行動指針に優先順位をつけ、1つだけ差し替える（創る活動①）」「差し替えた行動指針が

Chap. 1
Chap. 2
Chap. 3
Chap. 4
Chap. 5
Chap. 6

実現した状態を、実写のポスターで表現する（創る活動②）」と２段階に分けた。

　創る活動①の制約の変数として、差し替える指針を「１つ」ではなく「２つ」「３つ」と増やす選択肢もある。しかしながら、増やせば増やすほどグループの合意形成の難易度は下がり、葛藤の要素が少なくなる。１つしか差し替えられないからこそ、それぞれの指針の重要性について精緻に議論する必要性が生まれる。プレ実践でもうまくいっていたことから、提示する課題は「もし行動指針を１つ削除し、新たに１つ追加するとしたら、どの指針を削除し、何を加えるか？」という問いを設定した。いきなりこの問いについてグループで話し合うのはやや難易度が高く、また「どの指針が不要か」という議論に終始してしまっては、前向きな活動にならない。そこで、「新しく追加したい行動指針」のアイデアを個人でいくつか考えたのちに、グループの話し合いを促す流れとした。スムーズに話し合いが進むグループであれば30分程度でも十分に結論が出せると思われるが、全世界で実施するにあたって合意形成ができないリスクや、この活動が学習目標に最も影響することから、制作時間を40分間確保した。

　創る活動②は、新たに作成した行動指針が実現したイメージを実写ポスターで作成する活動である。自由度の高い課題として設定しながらも、画用紙、水性ペン、ハサミなどを用意し、身体で表現するだけでなく文字やイラストの表現を付け加えて撮影できるようにした。この活動は、こだわろうと思えばいくらでもこだわれる活動である。重要なことは細部にこだわったポスターを制作することよりも、創る活動①で検討した行動指針の職場での実現イメージを想像することである。したがって制作時間は35分間とし、撮影のディテールにこだわり過ぎないように「５パターンくらい撮影してみて、イメージに近いものを選ぶ」ように促すこととした。

（2）知る活動の作成

　創る活動に必要な準備として考えられることは、第一に、「TRUST 8」の各行動指針の内容や意図について理解すること、第二に、自分の現場の目線から各行動指針を読み解く思考の下準備が挙げられる。前者は重要な活動であるが、すでに十分に共有済みのチームもあれば、理解が浅いチームもある。またワークショップに十分な時間を確保できる場合と、時間を短縮して実施したいケースも想定されたため、あらかじめ「TRUST 8」について解説した動画を制作しておき、視聴が必要な場合はワークショップの事前に試聴してもらうか、導入のパートで試聴することとした。

　後者の「自分の現場の目線から各行動指針を読み解く思考の下準備」として、数名のグループで「自分のチームに特に重要だと思う3つの指針」について話し合う活動を設定した。同じチームで働くメンバーであっても、重視する指針は1人ひとり異なるため、意見をすり合わせることが必要となる。その過程で、指針同士の重要性を比較する思考と対話が促され、徐々に行動指針の理解が深まることをねらいとした。

（3）導入の作成

　導入のイントロダクションでは、就業時間に業務の一環として参加するタイプのワークショップであるため、取り組みの趣旨を丁寧に説明することを重視した。必ずしも全員が「TRUST 8」の全ての項目を理解しているとは限らないため、経営層があらかじめ「TRUST 8」について解説した動画を制作しておき、必要に応じてそれを視聴する時間を取る計画にした。

　本ワークショップは、普段一緒に仕事をしているチーム単位で実施するため、自己紹介は不要である。けれども、普段の業務のモードのままでは、ワークショップの非日常的な活動に没入することはできない。知り合い同士で

Chap.
1

Chap.
2

Chap.
3

Chap.
4

Chap.
5

Chap.
6

あっても、アイスブレイクは必要である。「TRUST 8」と現在の自分のつながりについて紹介しあう活動をアイスブレイクに設定することで、知る活動へのつなぎとした。

（4）まとめの作成

　　まとめでは、基本的には撮影したポスターの画像データをパソコンから会場のスクリーンに投影して、発表する活動とした。けれども会場の環境によってそれができない場合は、スマートフォンをコネクターにつないで投影するパターンや、お互いにスマートフォンの画面を直接見せ合って発表するパターンなどをマニュアルに想定しておいた。リフレクションでは、シンプルに「これから1ヶ月で取り組む具体的なアクション」を白紙に書き込み、共有する活動を設定した。

（5）プログラムの検討

　　コンセプト検討のプレ実践とは別に、人事部や役員メンバーを対象に筆者らがファシリテーションを実施し、複数回の運営を通してプログラムを微調整し、運営の注意点も含めてマニュアルに記載し、社内ファシリテーターが安定して実施可能なプログラムを完成させた。

Section **4**	企画の要件

　　これまで、ベテラン実践者の企画のプロセスを参考に、コンセプトとプログラムの企画の方法について述べ、企画の観点から具体的な事例について報

告をしてきた。本章の最後に、学習研究や創造性研究の理論的観点から、
「学習を生起する企画の要件」について5つの要件を提示しておく。

- ・楽しさ
- ・葛藤と矛盾
- ・リフレクション
- ・実践者にとっての実験
- ・余白のある設計

1　楽しさ

　良い企画の第一の要件は、「楽しさ」である。参加者にとってワークショップが楽しい活動であることは本質的に重要である。

（1）フロー理論
　心理学者ミハイ・チクセントミハイ（1934-）は、人間が活動に没入し、楽しさを感じている状態のことを「フロー」状態と名づけ、様々な分野の活動の調査を通してフロー状態の特徴や生起する要因について分析している。チクセントミハイによれば、「楽しい」と感じているフロー状態のときは、どの分野においても「時間を忘れるほど活動に極度に集中している状態」「環境と自分が一体化している感覚」「行動を調節しながら次々に新たな状況に対応できている状態」などの特徴があることが明らかになっている。
　フロー状態のときは、そうでないときに比べて、創造性を発揮しやすい状態であることが指摘されているほか、活動に夢中になって感情や思考が揺さぶられる経験は、後になってそれを自覚化し、振り返るためのきっかけにも

Chap.
1

Chap.
2

Chap.
3

Chap.
4

Chap.
5

Chap.
6

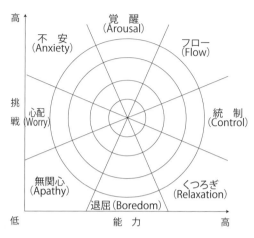

図2-10：フロー状態の生起する条件（チクセントミハイ 2001）

なる。フロー状態は、学習と創造の土壌になるのである。

　チクセントミハイは、フロー状態に入るためには個人の「能力」と活動の「難易度」が重要であると考え、その条件を**図2-10**にまとめた。

　縦軸は「活動が自分にとってどのくらいの難易度か」を示しており、横軸は「自分の能力が標準状態に比べてどのくらい発揮できているか」を示している。円の中心が、難易度も発揮している能力も平均的な状態である。

　例えば、課題が簡単で、能力がある程度発揮できている状態は「退屈」状態であり、また難しい課題に対して能力が発揮できていない状態は「不安」状態となる。そして右上に位置している「フロー」状態は、いつもよりもやや難易度が高く、能力を普段以上に発揮する必要がある活動、つまり、「少し背伸びをしている」場合に起きやすいことがわかっている。

　以上から、ワークショップを「楽しい」企画にするためには、少し背伸びをした課題設定、手を動かし没頭しやすい作業、できる限りシンプルな目標

の提示などが有効であることがわかる。また、フロー状態から醒めないよう、余計な制約や残り時間などをむやみに気にしなくてすむように配慮することも重要である。

(2) グループ・フロー

　チクセントミハイは個人活動におけるフロー状態に焦点を当てて議論を進めたが、その弟子であるソーヤーは、理論の対象を集団に拡張させ、協同作業における没入状態を「グループ・フロー」と名づけ、成功している音楽の即興セッションなどの分析を通してその要因を明らかにしている。

　個人のフロー理論には欠けていたグループ・フローの条件として「参加者同士の深い傾聴」「参加者がエゴを抑えて全員が同等に協調すること」「惰性にならない程度の親密さを持つこと」「雑談を大切にすること」「他人の意見を受け入れながら即興的に対応すること」など、参加者同士の関係性やコミュニケーションに関連する条件が指摘されている。グループ・フローは、協同作業における創造性にも大きく影響するという。

　以上から、協同作業を活動の主軸にする場合は、参加者同士のコミュニケーションが円滑に進められるようにアイスブレイクを入念に行い、参加者同士の関係性の構築に時間をかけることが必要になる。「導入」や「知る活動」で参加者同士が傾聴を行う活動を組み込んでおくことも有効だろう。

　フローやグループ・フローの条件を考慮しながら、ワークショップの企画が参加者にとって「楽しい」ものになっているかどうか十分に想像し、検討する必要があるだろう。

2　葛藤と矛盾

　良い企画の第二の要件は、「葛藤と矛盾」である。すなわち、努力や工夫

をしなければ解決できない課題であったり、他者との意見の相反を調整する必要があったり、そのような「やや困難な状況」を企画に含ませることである。

（1）拡張による学習

　これまでの先行理論を参照しても、葛藤や矛盾の要素は、創造や学習の源泉としてその重要性が指摘されている。

　例えば、矛盾と学習の関連性を説明する理論として、1章でも紹介したエンゲストロームの理論が参考になる。エンゲストロームは、著書『拡張による学習』の中で、学習を「仕事や組織の実践の中で、人々が現状の矛盾に出会いながら、対象との継続的な対話を進め、活動の新たなツールやモデル、コンセプトやヴィジョンを協働で生み出すことによって、制度的な境界を越えた自らの生活世界や未来を創造していくこと」としている。かなり大きな枠組みで学習をとらえているが、そのような学習活動の源泉として、活動における矛盾や葛藤の過程を位置づけている。

（2）矛盾を含んだ課題設定

　これらの理論は、ワークショップに応用可能な実践的示唆を含んでいる。筆者らが以前行った研究（安斎ほか 2011）では、ワークショップの「創る活動」の課題設定に、矛盾を含んだ「相反する2つの条件」を設定した場合と、そうでない場合において「創る活動」の過程がどのように変化するか、実践と分析を通して調査を行った。具体的には、新しいカフェを3人組でプランニングするワークショップを題材にして、矛盾を含んだ「危険だけど居心地が良いカフェを制作する」という課題設定と、矛盾を含まない「居心地が良いカフェを制作する」という条件で比較を行ったところ、矛盾を含んだ

条件においては、矛盾を含まない条件に比べて、参加者同士の意見の交換が活発に起こり、個々人のアイデアの連鎖の結果として新しいアイデアがグループで生み出されていたことが明らかになった。

　このように、課題の条件設定そのものに矛盾を含ませることは有効である。それ以外にも、参加者同士の価値観の相反が意識されるような仕掛けを施したり、葛藤を乗り越える必要がある活動構成にするなど、ワークショップに葛藤や矛盾を内在させる方法は様々なバリエーションが考えられる。このような要素も、良い企画の1つの要件として意識したい。

3　リフレクション

　良い企画の第三の要件は、「リフレクション」である。すなわち、ワークショップの活動を振り返り、経験に意味づけを行い、学習として意識化する時間を十分に取ることである。これはプログラムの基本モデルでは4段階目の「まとめ」の活動に含まれる。

(1) 過去と未来をつなぐ反省的思考

　経験学習の祖であるデューイは、学習において経験を重視しながらも、学習を疎外する経験もあり得ることについて忠告し、何よりも「経験の質」を重視していた。デューイによると、経験の質は「連続性の原理」と「相互作用の原理」によって決まるという。「連続性の原理」とは、経験は連続したものであり、いかなる経験もそれ自体で個別に起こることはなく、現在の経験は以前に過ぎ去った過去の経験から何らかの影響を受け、現在の経験は引き続き起こる未来の経験の質に影響を与えるという考え方である。「相互作用の原理」とは、経験は個人の内面で生起するのではなく、個人と環境との

Chap. 1
Chap. 2
Chap. 3
Chap. 4
Chap. 5
Chap. 6

相互作用によって起こるという考え方である。

　そして、経験の質を高めていく上で重要になるのが「反省的思考（リフレクション）」である。反省的思考とは、過去の経験と関連づけながら、ある状況で学んだ知識や技能を、後に続く未来の状況を理解し、処理する道具として意味づける行為である。デューイは、リフレクションが十分に確保されて初めて、質の高い経験学習がなされることを主張した。

　ワークショップにおいても、リフレクションの時間を十分に確保することは重要な企画の要件となる。ワークショップはその非日常性から、ただ活動を体験しただけでは日常に紐づけた意味が見えにくい場合も少なくない。そこで、「創る活動」の没入から醒めたところでじっくり時間をかけてワークショップで得た経験について振り返り、参加者自身の過去の経験や、日常的に所属しているコミュニティとの結びつきについて考え、「経験の意味が何であったのか」を考えるための十分な時間を取ることが必要になる。また、回顧的に経験を振り返るだけでなく、デューイが指摘する通り、経験を未来につなげることも必要である。今後、ワークショップで学んだことを応用できる状況はないかについても想像をするとよい。過去や未来とのつながりを意識しつつ、具体的な状況を想像しながらリフレクションができるような支援も必要である。

(2) 前提を疑う批判的省察

　さらに深いレベルのリフレクションとして、経験に意味づけを行うだけでなく、その背後にある前提を批判的に吟味する「批判的省察」と呼ばれるリフレクションがある。ワークショップの目標によっては、このような批判的なリフレクションも有効である。

　教育思想家パウロ・フレイレ（1921-1997）は、成人期において重要な学

Chap.
1

Chap.
2

Chap.
3

Chap.
4

Chap.
5

Chap.
6

習を、自分の置かれている状況を批判的に省察し、状況を自覚的・主体的に変革していくことであると説いた。自身の置かれている状況を批判的に問い直すためには、それまで無自覚だった前提や自身がとらわれている枠組みにまず「気がつく」必要がある。人は暗黙の前提の上に立ってものを考えているため、普段はその前提そのものに意識を向けることは難しい。

　暗黙の前提に気がつき、それを対象に批判的なリフレクションを行うためには、まず暗黙の前提を目に見える形で「外化」する必要があると言われている。外化とは、人が頭の内部で考えていることを、観察可能な形で外部に表現することである。ワークショップにおいては、「創る活動」で時間をかけて制作した作品やアイデアなどが、リフレクションの対象として有効な外化物となるだろう。時間をかけて没入しながら制作した作品には、概して制作者の価値観が滲み出ているものである。

　ゆえに、生み出された作品の背後にある価値観や意図について探り、言語化する時間を設け、さらには他の参加者の作品と比較・吟味しながら対話することによって、自身がそれまでに気がつかなかった暗黙の前提が意識化されやすくなり、批判的なリフレクションも促されるだろう。もし批判的なリフレクションを行うことが実践の目標に含まれるのであれば、あらかじめ「創る活動」の課題設定の段階から暗黙の前提が可視化されやすい課題を設定しておくことも有効である。

　リフレクションは、ワークショップの経験に学習としての意味をもたらす重要な活動である。参加者1人ひとりが質の高いリフレクションを行えるよう、工夫をこらし、時間を十分に確保するように心がけたい。

Chap.
1

Chap.
2

Chap.
3

Chap.
4

Chap.
5

Chap.
6

4　実践者にとっての実験

　第四の要件は、「実践者にとっての実験」である。ワークショップは、参加者にとっても「創ることで学ぶ」活動であるが、実践者にとっても「創ることで学ぶ」実践となり得る。

　ワークショップの実践は、実践者が創りあげた企画を媒介とした、参加者とのコミュニケーション活動とも言える。実践においては企画段階では想定していなかった出来事も起こる可能性もあり、その過程は試行錯誤と発見に満ちている。ベテランのワークショップ実践者もかつては初心者であり、1回1回のワークショップ実践においてそのような学習を繰り返しながら、成長してきたのである。

　このように、ある領域において初心者からベテランの実践者になっていく学習過程を「熟達化」と言う。つまり、実践の経験を通して、できなかったことができるようになっていく過程のことである。ワークショップ実践者固有の熟達過程については第5章で詳しく触れることにするが、これまでの熟達化研究を参照すると、熟達の質を高めるために実践者が持つべき学習態度として、「新しい経験に対して開かれた冒険心を持ち、新しい仕事に挑戦すること」「他人の意見に耳を傾け、新たな考えを取り入れる柔軟性を持つこと」などが重要な条件として挙げられている。これをワークショップ実践に置き換えて考えれば、実践者にとって「新しい要素」を企画に積極的に取り入れる姿勢が重要と言えるだろう。

　新しい要素を取り込まずに、同内容の企画を繰り返し実践していると、実践は安定するが、同時に運営が手続き的になり、実践者にとっての試行錯誤や新しい発見は起こりにくくなっていく。ワークショップの実践者として熟達の道のりを歩むのであれば、1回1回の企画に実践者にとっての「新しい

要素」を実験的に取り込み、実践者にとっての学習と挑戦の機会となっているほうが、企画としては望ましいだろう。

5 余白のある設計

　最後に挙げる要件は、「余白のある設計」である。ワークショップの当日で起こる過程は、活動に取り組む参加者1人ひとりの特性や、参加者同士の相互作用に依存するため、企画の段階では完全には予測したり記述したりすることはできない。ハリス（1984）によれば、参加者について事前に把握することが難しい場合はなおさら、予測しきれない状況に対し、リスクを最小限にするために企画を柔軟に考える必要があることも指摘されている。

　本章の冒頭で紹介した森（2008）の実験においても、ベテラン実践者は初心者に比べて、企画を設計する際により多くの「保留」を行っていることが明らかになっている。つまり、活動の構成や進行の仕方を事前に全て決定しておくのではなく、当日の参加者の様子を見て適切な対応をすべきところは積極的に保留としておき、また決定ができる部分もあくまで「仮の決定」とし、当日の状況によっては柔軟に変更する姿勢を持っていることがわかっている。

　ただし、注意すべき点は、ベテラン実践者は入念なシミュレーションを行った上で決定を保留している点である。シミュレーションが不足したまま決定を当日に先延ばしにしても、運営の際に対応できずに実践が失敗することは目に見えている。ベテラン実践者は、想像によるシミュレーションを繰り返し、どの時点でどのようなことが起きるか、もしくは起き得るかに関して事前の予測を立てており、それら予測に対してしかるべき企画の修正案や活動案を用意している。このように設計に余白を残しながら、段階を追って企

Chap.
1

Chap.
2

Chap.
3

Chap.
4

Chap.
5

Chap.
6

Chap.
1

Chap.
2

Chap.
3

Chap.
4

Chap.
5

Chap.
6

画を決定していく「柔らかな決定」が、ベテランの実践を支えているのである。

　コンセプトとプログラムを企画しただけでワークショップのデザインは終わらない。参加者1人ひとりにとって意味のある学びの経験を保証するためには、参加者が試行錯誤をしながら創造性を発揮できる「余白」が必要である。そのためには、企画を事細かに統制するのではなく、当日の運営によって柔軟に対応・再設計する姿勢を持つことが重要である。当日の運営の方法については、続く第3章で解説する。

Chap.
1

Chap.
2

Chap.
3

Chap.
4

Chap.
5

Chap.
6

第3章
Chapter 3

ワークショップを運営する

⟡本章の概要⟡

ワークショップデザインは、企画単体だけでは成立しない。企画したワークショップを実践として運営するためには、実践対象者との関係性を作るための「広報活動」と、当日の参加者の活動の進行を支える「ファシリテーション」の役割が特に重要になる。

Section **1**	ワークショップの広報

1 コミュニティ戦略としての広報活動

（1）広報の必要性

　いくら良い企画を準備していても、参加者がいなければ実践をすることはできない。参加者を公募で集めなければならない場合は、実践の対象者に向

けた告知活動を行い参加者を募る必要がある。一方で、外部からの依頼でワークショップを企画した場合は、あらかじめ参加者が決定している場合もある。そうであっても、自分自身のワークショップ実践の価値を外部に発信し続け、信頼できる実践者（あるいは実践共同体）として認知されていなければ、継続的な依頼は期待できない。

　現在は、インターネット上で毎日のようにワークショップをはじめとする様々なイベントの告知情報が飛び交っている。情報が氾濫する中で自身のワークショップの価値を対象者に伝え、興味を持ってもらい、依頼を受けたり、実践に参加したりしてもらうためには、戦略的に広報を行う必要がある。

　広報（public relations）とは「市民や社会との良好な関係作りのためのコミュニケーション活動」として定義されている（藤江 2002）。広告（advertisement）と混同されて使われている場合が多いが、もともとは「広告や宣伝だけでは一方的に情報伝達することはできても、それによって理解や信頼を得るには至らない」という問題意識から発展してきた考え方である。

　もし一度限りの単発のワークショップ実践であれば、広告としての告知活動を効果的に行えば参加者を集めることができるだろう。しかし、継続的にワークショップ実践を行っていくのであれば、一方的な情報伝達ではなく、広報活動として実践の対象者とコミュニケーションを取りながら、お互いの相互理解を深め長期的な信頼関係を築いていく意識が重要である。

(2) 広報のプロセス

　広報における対外的なコミュニケーション活動は、「情報の発信」と「情報の収集」の2つに分けられる（猪狩 2007）。ワークショップで言えば、「情報の発信」とは、参加者を募るため、あるいは実践者としての認知度を広めるための告知活動を指し、「情報の収集」とはワークショップに対する

参加者の意見や感想を得るための活動を指す。

　広報活動において必要なのは対外的なコミュニケーションだけではない。収集した情報を実践共同体の内部で共有し、企画や運営のあり方を見直し、さらに次の情報の発信に活かしていく、コミュニティ内のコミュニケーション活動も必要である。ワークショップは当日の運営スタッフやファシリテーターまで含めれば、コミュニティとして実践を運営することが多いため、コミュニティ内の「情報の共有」を中心としたコミュニケーションは運営を円滑に進めるためにも、実践共同体として成長していくためにも大切である（以下、「実践者」と記述した場合は「実践共同体」も含むこととする）。

　以上をまとめると、ワークショップにおける広報活動とは、以下の3種類のコミュニケーション活動のサイクルを回すことだと言える。

・情報の発信：参加者を募るため、実践者の認知度を広めるための告知活動
・情報の収集：実践対象者の感想や意見を集める活動
・情報の共有：コミュニティ内で情報を共有し、運営に活かす活動

2　広報のステークホルダー

ワークショップの広報におけるステークホルダーは以下の通りである。

（1）コアメンバー
　企画から引き続き、コアメンバーが広報においても中心的な役割を担う。

（2）関心共同体
　企画の対象となる参加候補者、つまり告知の対象者の集団である。長期的

Chap.
1

Chap.
2

Chap.
3

Chap.
4

Chap.
5

Chap.
6

な広報活動によって、参加候補者はインターネットによってゆるやかにつながった関心を共有する共同体を形成する。

（3）運営協力者

　企画に関わるコアメンバーではないが、周辺的に実践を支えてくれる協力者。インターネット上での告知活動や、実践当日の記録など、広報の様々な場面で力を借りることになる。

（4）ワークショップ参加者

　告知を見てワークショップの内容に関心を持ち、時間をとって会場に足を運んだ一般市民。実践の改善のためにも、積極的に参加者から感想や意見を収集する。また、実践の目的によっては、第2章で紹介した資生堂の理念浸透のためのワークショップのように、公募ではなく社内の特定の部署やチームのメンバーを参加者とする場合もある。

（5）クライアント

　クライアントが実践当日に参加しない場合は、報告書の作成が必要な場合がある。あらかじめクライアントに要望を聴いておき、記録の取り方に反映させる必要がある。

（6）研究者

　評価に関するデータ収集と分析の方法について助言を行う。依頼しない場合はコアメンバーの1名が方法を学び役割を果たす。

3 広報を支える記録の活用

(1) 経験の円錐体

　具体的な広報のプロセスについて考える前に、ワークショップにおける広報の特徴について検討しておく。ワークショップの広報活動が難しい最大の理由は、ワークショップの楽しさや魅力が、活動に体験として埋め込まれているため、その価値が言葉だけでは説明しにくい点にある。エドガー・デールは「経験の円錐体」というモデルを1957年に発表し、抽象から具体の次元に沿って経験の分類を行っている（**図 3 - 1**）。

　このモデルで言えば、ワークショップにおける経験は最下部の「直接的・目的的」にあたるが、タイトルや告知文、口頭での説明は最上部である「言語的象徴」にあたる。具体的な体験の価値を抽象的な概念によって伝えることは、経験の質が異なるため難易度が高い。これを乗り越える手段として、

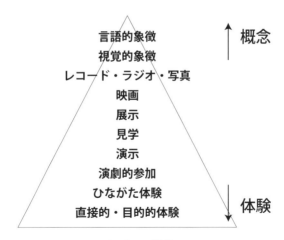

図 3 - 1：経験の円錐体（デール 1957）

Chap.
1

Chap.
2

Chap.
3

Chap.
4

Chap.
5

Chap.
6

言語に比べて具体性の高い「写真」や「映像」などによってワークショップの過程を記録し、それを広報のためのコミュニケーション活動に活用する方法がある。

（2）記録の形式

　ワークショップの記録の形式には「レポート」「ショートムービー」「グラフィックレコード」「プロトコルデータ」「観察記録」などがある。

　最もオーソドックスで手軽な記録の形式は、実践の内容について写真と文章によってまとめた「レポート」である。ワークショップの概要を掲載した簡潔なものから、タイムテーブルや当日の参加者の様子がわかる詳細なもの、さらには参加者の感想を掲載しているものもある。

　レポートよりも多少手間はかかるが、「ショートムービー」に実践の様子をまとめる方法も一般的である。数時間の実践記録を編集して数分間のショートムービーにまとめておくことで、写真記録よりもいっそう実践の雰囲気が伝えやすくなる。

　「グラフィックレコード」とは、ワークショップの過程をイラストや図によって可視化したものである。「グラフィックレコーダー」と呼ばれる記録役によって、リアルタイムで行われることが多い。記録として活用できるだけでなく、ワークショップのプロセスに即時的にフィードバックをかけることもできる。

　さらに手間がかかるが、より詳細に参加者のコミュニケーションプロセスを記述したい場合は、参加者の発言を全て書き起こして時系列で記録した「プロトコルデータ」や、参加者の行動も含めて記述した「観察記録」として残す方法もある。

　このように、記録の形式は様々だが、どのような方法でまとめるにしろ、

もととなるデータを十分に取得しておくことが重要である。現在はインターネットで様々な実践のレポートが公開されているため、参考になるだろう。

（3）記録の方法

　十分な写真記録を撮るためには、進行役のファシリテーターとは別に撮影スタッフが記録を専任する。撮影の際の注意点は、活動の流れがわかること、参加者全員が写っていること、表情や手元などに「寄ったもの」と実践全体の様子がわかる「引いたもの」の両方を撮ること、作品や模造紙などの成果物を記録すること、なるべく枚数をたくさん撮影すること、などである。数時間の実践で数百枚の写真を撮影することも少なくない。進行役のファシリテーターと撮影スタッフの役割分担については、次節であらためて解説する。

　映像を撮る場合は、固定のビデオカメラで実践全体の様子を撮影する方法、撮影スタッフがカメラを持って動きながら撮影する方法、あるいは各グループに１台のカメラを設置してグループワークの様子を詳細に記録する方法がある。映像を記録する場合はビデオカメラの音声の取得範囲に注意したい。全体の様子を撮影する場合は参加者の発話まで録音することは難しい。確実に音声を取得したい場合には、ICレコーダーやビデオカメラ用のワイアレスマイクなどを併用するとよいだろう。

　ただし、カメラやICレコーダーのような記録機器は参加者にとってしばしば圧力となり、ワークショップの没入を阻害してしまう可能性もあるため注意が必要である。また、記録を行う際は事前にその旨を告知文に記載し、了承を得ることも忘れてはならない。

　充実した記録は広報に様々な形で役に立つ。記録を活用しながら、ワークショップにおける広報活動である以下の３種類のコミュニケーション活動を進めていく方法について、具体的に説明する（**図3-2**）。

Chap. 1

Chap. 2

Chap. 3

Chap. 4

Chap. 5

Chap. 6

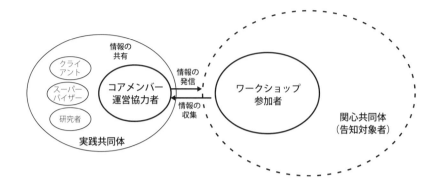

- 情報の発信：参加者を募るため、実践者の認知度を広めるための告知活動
- 情報の収集：実践対象者の感想や意見を集める活動
- 情報の共有：コミュニティ内で情報を共有し、運営に活かす活動

図 3 - 2 ：広報の全体像

4　情報の発信

　ワークショップ実践の情報を外部に発信することは、実践に関心のある参加者を募るためにも、実践者として認知度を広めるためにも、必要不可欠な広報活動である（**図 3 - 3**）。

（1）ワークショップの参加動機

　まず、公募で参加者を集める場合の告知の方法について述べる。効果的に参加者を集めるためには、参加者が何を求めてワークショップに参加するのか、参加動機を想像しておく必要がある。

　舘野（2012）の調査によると、社外のノンフォーマルな勉強会（ワークシ

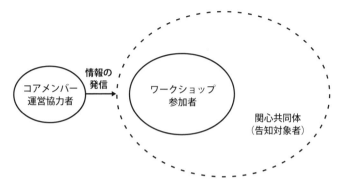

図 3-3：情報の発信

Chap.
1

Chap.
2

Chap.
3

Chap.
4

Chap.
5

Chap.
6

ョップを含む）に参加するビジネスパーソンの参加動機は実に多様で、「自分の知識や技術の専門性を高めたいから」という仕事に直結した理由だけでなく、「多様な人と出会いたいから」「知的好奇心を満たしたいから」「固定化した考え方から抜け出したいから」「漠然とした不安があるから」「職場の中にいるとストレスがたまるから」など多岐にわたり、必ずしもワークショップの内容そのものが参加動機になっているわけではないことがわかる。また、子ども向けのワークショップ実践においても、参加動機は様々である。例えば、本章でも事例として紹介する「CAMP」による参加者を対象にしたアンケート記録によると、「テーマに関心があるから」「ものをつくるのが好きだから」「面白そうだから」といった興味・関心に基づく理由から、「学校外の友だちをつくるため」「学校の工作の時間よりも自由だから」「兄弟や親に誘われたから」といった理由まで様々である。繰り返し参加する中で、ワークショップが子どもにとっての学校外の居場所として機能しているケースも見受けられる。

　参加者層や参加動機を想像することは、情報発信の仕方に役立つだけでな

く、ワークショップを実施する曜日や時間帯の設定の参考にもなる。

(2) 魅力の核を見極める

　ワークショップは様々なバックグラウンドを持った参加者が集まることも
魅力の1つであるため、無理に対象者を限定し、絞りこむ必要はない。かと
いって、宛先が決まっていない「あらゆる人」に向けたメッセージはかえっ
て誰にも届かない可能性が高く、よほど認知度の高い実践者でない限り、参
加者を集めるのに苦労するだろう。

　広報の専門家であるカトリップら（2008）は、メディアによるメッセージ
が氾濫する中で広報を成功させる最初の課題は、「対象となる人々の注目を
得て、メッセージの内容に興味を持ってもらうこと」だと述べている。また、
川口（2011）は、人が集まる動機は経済的実利に限らず、理屈を越えた好奇
心や本能的な理由も含むことを踏まえながらも、集客を効果的に行うために
は、「主な対象者を決めておき、対象者にとって魅力になるプロジェクトの
核をつくる」ことを提案している。

　ワークショップの参加者を効果的に募るためにも、ワークショップの魅力
の核はコンセプト全体にあるのか、課題の面白さにあるのか、素材の面白さ
にあるのか、学びのねらいにあるのか、ファシリテーターやゲストの経歴に
あるのか、何が参加者にとっての参加動機につながるのか、魅力の在り処を
見極める必要がある。

(3) タイトルの決定

　ワークショップの魅力の核を明確にしたら、それを端的に表現した「タイ
トル」を決める。タイトルの決定は重要である。ワークショップのプログラ
ムを体験したことのない参加者は、ワークショップに参加するかどうかを告

知文に書かれた情報によって判断しなければならない。ところが、一番先に目に触れるであろうタイトルに一定の魅力が無ければ、読み手の関心を惹けず、肝心の告知文の中身まで読んでもらうことは期待できない。いくら面白い内容であっても、思った以上に告知文は読んでもらないという前提に立ち、実践対象者に魅力を感じてもらい、立ち止まって中身を読んでもらうための工夫をする必要がある。一読してワークショップのコンセプトやプログラムの魅力が伝わるようなタイトルが理想であるが、それが難しければサブタイトルで補完するという方法もある。

（4）告知文の作成

　続いて、告知文を作成する。告知文には、実践の概要、日時、会場、参加費、主催者の情報、申し込み方法など、参加の判断に必要な情報を全て掲載する必要がある。そのためどうしても情報量が多くなってしまうが、ここで重要になるのは「告知文の冒頭」に掲載する情報である。たとえ魅力的なタイトルで読み手を惹きつけることができても、告知文の内容が理解できなかったり、自分にとっての参加する価値が想像できなければ、隅々まで読まずに読み飛ばすか、最後まで読まずに途中で読むのを止めてしまうことは容易に想像できるだろう。

　そこで、ウェブサイトやフライヤーなどに告知情報を掲載する場合は、なるべく実践対象者にとって魅力となる情報を告知文の冒頭に掲載しておくとよい。また、対象者の属性（大学生向けなど）が明確な場合は、それも冒頭で明示しておくとよい。過去の実践の記録があれば、例えば告知文に実践の写真を掲載することで、活動の様子や雰囲気がより伝えやすくなる。

　読み手は自分にとって価値のある情報なのか、自分に関連のある情報なのか、すぐには判断できないため、訴求力の弱い情報は見逃してしまう。実践

Chap. 1
Chap. 2
Chap. 3
Chap. 4
Chap. 5
Chap. 6

の内容を正しく理解してもらい、参加する価値のあるワークショップかどうかを検討してもらうためにも、なるべく目に触れやすい箇所に重要な情報を配置したり、実践の記録を有効に活用したりすることで、実践対象者に告知文を最後まで読んでもらうことが重要である。

　もちろん、読み手の興味を惹こうとするあまり、価値を誇大に表現した情報発信をしては意味がない。過度に期待を高めても内容が伴わなければ結局は参加者を落胆させてしまい、活動が持続しない。重要なことは、実践の内容を、実践の対象者にきちんと届け、正しく理解してもらうことである。

(5) チャネルの選定

　告知文をどこに掲載するか、すなわちチャネルの選定も重要である。実践対象者の属性や性質を考慮しながら、インターネット上のソーシャルメディアやフライヤーなどを駆使して実践対象者の目にふれやすい場所に告知情報を掲載する工夫が必要になる。実施する地域のお店や学校の協力を得て、ワークショップのフライヤーを設置させてもらうことも有効である。　周囲の協力を得ながらも、実践対象者にうまくアプローチできる告知のチャネルを選定したい。

(6) 企画プロセスの公開

　以上、告知文を用いて情報を発信する方法を述べてきたが、告知文によって告知をするだけでなく、企画や準備のプロセスを積極的に公開することも有効である。例えば、企画会議の様子や、企画の進捗状況、当日の設営の様子などを、ソーシャルメディアなどを活用して開示することで、告知文だけでは伝わりにくい企画への想いや熱意を伝えることができる。実践の雰囲気や価値を正しく伝えることができるため、企画に賛同する協力者を得ること

Chap.
1

Chap.
2

Chap.
3

Chap.
4

Chap.
5

Chap.
6

にもつながるかもしれない。

（7）ポートフォリオの公開

　このような戦略的な告知活動を継続していくことは、実践者の認知度を広めるための広報活動にも直結する。加えて重要なことは、毎回の実践の記録の蓄積を、ポートフォリオとしてまとめて公開することである。例えば、実践者のウェブサイトにワークショップの過去のレポートやショートムービーをまとめて掲載したり、いくつかのレポートを見やすい冊子にまとめて発行することによって、実践の魅力を実践対象者に伝えられ、実践者として認知され、信頼を得ることにつながる。

5　情報の収集

　一方的に実践対象者に情報を発信するだけでなく、実践に参加した参加者の意見や感想を集めることも広報活動において重要である（**図3-4**）。

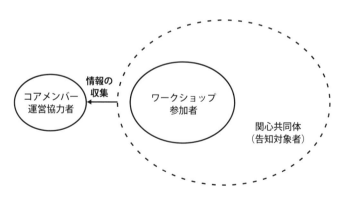

図 3-4：情報の収集

(1) 感想や意見の収集

　筆者（安斎）は、参加者同士が自己紹介する際、必ず 1 人ずつ参加動機を話してもらうようにしている。どのようなバックグラウンドを持った参加者が集まっているかを把握できるため、参加者への関わり方（ファシリテーション）に活かすことができる上に、参加動機を聴くことで「告知文がどのように伝わっているのか」を確認することができるからである。告知文で詳細に説明したつもりでも、ワークショップの内容が伝わっていなかったり、誤解されている場合も少なくない。参加動機を直接聴くことで、次の告知の改善のためのヒントを得ることができる。

　参加動機だけでなく、実践の内容そのものに対する感想や意見も収集しておくとよい。直接的な方法は、実践終了時に参加者にアンケートやインタビューをさせてもらうことである。参加者がワークショップの価値をどのように受け止めているかや、運営の改善点や不満なども率直に訪ね、運営に活かすとよい。また、参加者がソーシャルメディアを活用している場合は、あらかじめ感想を共有する場をオンラインに用意しておけば、実践から少し時間が経ったあとの冷静な感想や意見も収集することができる。

(2) 活動記録の収集

　充実した記録を取得しておくことは、情報の収集に直接的に役立つ。なぜなら、インタビューやアンケートなどの形式的な感想では拾えないような質の高い情報を収集することができるからである。ワークショップ中、参加者は手や身体を動かして活動に没入していることが多く、言語化して考えていること以上に、多くのことを感じたり体験したりしている。それを感想として尋ねるとありきたりな言葉になってしまって、かえって実践の面白さが伝わりにくいこともある。ワークショップ中の様子を写真や映像で記録してお

（1）感想や意見の収集

　筆者（安斎）は、参加者同士が自己紹介する際、必ず 1 人ずつ参加動機を話してもらうようにしている。どのようなバックグラウンドを持った参加者が集まっているかを把握できるため、参加者への関わり方（ファシリテーション）に活かすことができる上に、参加動機を聴くことで「告知文がどのように伝わっているのか」を確認することができるからである。告知文で詳細に説明したつもりでも、ワークショップの内容が伝わっていなかったり、誤解されている場合も少なくない。参加動機を直接聴くことで、次の告知の改善のためのヒントを得ることができる。

　参加動機だけでなく、実践の内容そのものに対する感想や意見も収集しておくとよい。直接的な方法は、実践終了時に参加者にアンケートやインタビューをさせてもらうことである。参加者がワークショップの価値をどのように受け止めているかや、運営の改善点や不満なども率直に訪ね、運営に活かすとよい。また、参加者がソーシャルメディアを活用している場合は、あらかじめ感想を共有する場をオンラインに用意しておけば、実践から少し時間が経ったあとの冷静な感想や意見も収集することができる。

（2）活動記録の収集

　充実した記録を取得しておくことは、情報の収集に直接的に役立つ。なぜなら、インタビューやアンケートなどの形式的な感想では拾えないような質の高い情報を収集することができるからである。ワークショップ中、参加者は手や身体を動かして活動に没入していることが多く、言語化して考えていること以上に、多くのことを感じたり体験したりしている。それを感想として尋ねるとありきたりな言葉になってしまって、かえって実践の面白さが伝わりにくいこともある。ワークショップ中の様子を写真や映像で記録してお

けば、夢中になって楽しんでいる姿や表情、グループワークで話している内容、作品を創っている過程など、生の情報を収集することができる。

6　情報の共有

（1）反省会の実施

　参加者から収集した情報をもとに、コミュニティ内でコミュニケーションを取りながら情報の共有を行うことも忘れてはならない（**図**3 - 5）。一般的な方法は、ワークショップ実践終了後に、反省会を兼ねてスタッフで感想を共有したり、運営の改善点について話し合う時間を設けることである。

（2）アーカイブの利用

　コミュニティのメンバーが多く、実践当日に運営に参加できていないメンバーがいる場合は、メーリングリストなど、オンライン上で情報を共有する手段をつくっておき、コミュニティ内で情報を共有する。また、コミュニテ

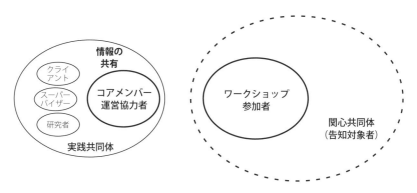

図 3 - 5 ：情報の共有

Chap.
1

Chap.
2

Chap.
3

Chap.
4

Chap.
5

Chap.
6

ィがある程度続くと、新しいメンバーが入ってくることもある。新規参入者が過去に収集した情報を後からでも学べるように、資料を整理し、コミュニティのアーカイブを作っておくとよい。このような共有の過程においても、実践の記録は効果を発揮する。特に実践に参加できなかったスタッフや、新たにコミュニティに参入したメンバーに対しては、実践の内容を言葉で説明するだけでは限界がある。実践のレポートやショートムービーをコミュニティのライブラリーにアーカイブしておくことで、情報の共有が容易になる。

また、依頼者がいる場合には依頼者にも情報を共有し、価値のある実践を行ったことをきちんと説明する責任を果たさなければならない。この際も、依頼者の要望を考慮した上で、適切な形式で報告書を作成する。

このように、記録を活用しながら、情報の発信・収集・共有というコミュニケーション活動を戦略的に繰り返すことが、運営を支えるためのワークショップの広報活動である。

Section 2 ファシリテーション

ワークショップは創造的な活動を行うことが前提であり、また参加者も当日にならないとわからないケースが多い。そのため、いくら入念にプログラムを作成したとしても、当日の出来事を事前に全て予測することは不可能である。そこで、作成したプログラムに沿って活動を進行しながらも、その場で起こる出来事に対応しながら活動を支援する「ファシリテーション」が重要になる。ファシリテーションを行う運営スタッフはファシリテーターと呼

ばれ、参加者の人数に応じて複数名のファシリテーターによって実践を運営する場合が多い。

1 ファシリテーターの基本姿勢

　ワークショップを運営するファシリテーターには、どのような基本姿勢が必要だろうか。ワークショップはノンフォーマル学習の形式であるため「教師」は存在しないが、本書でも再三登場している経験学習理論の祖であるデューイの教師論と、集団の創造性を専門とするソーヤーの教師論が参考になる。

（1）デューイの教師論
　デューイは、従来の学校教育や教師の役割を批判しながら、経験学習を支援する教師には2つの態度が求められると述べている。第一に、アーティストとしての教師である。教師は、事前に用意された教材をそのまま生徒に与えるのではなく、学習場面をよく観察し、その場で起こる偶然の出来事を拾いあげながら授業に活かしていくことが求められるという。第二に、哲学的態度を持った教師である。教師は、学習場面において何が起こっているのかを発見し、学習者の探究心をくすぐる新たな「問い」を立て、授業計画の立案に活かすことが求められるという。どちらにも共通することは、あらかじめ用意した教材を画一的に与えるのではなく、学習者に対する観察を通して即興的に授業を工夫することを要求している点である。

Chap. 1

Chap. 2

Chap. 3

Chap. 4

Chap. 5

Chap. 6

Chap.
1

Chap.
2

Chap.
3

Chap.
4

Chap.
5

Chap.
6

(2) ソーヤーの教師論

　ソーヤーは、創造性が求められる現代においては、学校教育においても創造的なコラボレーションを体験させることが重要であると説き、そのためには教師のあり方が変容しなければならないと指摘している。具体的には、教師が権威として一方的に知識を伝達するのではなく、学習者同士のコラボレーションによる創造的活動を即興的に支援していく姿勢が重要であると指摘している。そのためには、教師には「統制のとれた即興（Disciplined Improvisation）」が求められるという。統制のとれた即興とは、事前に計画されたカリキュラムと、当日の即興的な活動の展開を含んだ動的なプロセスのことである。カリキュラムで設定した計画と目標を尊重しながらも、その中で学習者同士のコラボレーションを促すために即興的な指導が必要になるのだという。

　ソーヤーの教師論も、ワークショップ事前の企画と当日の運営のバランスを考える上で参考になる。以上みてきたデューイとソーヤーの教師像は現代の学校教育における教師像とは異なるが、創造的経験学習の形式であるワークショップのファシリテーター像に近い。

(3) ファシリテーターの基本姿勢

　以上を参照しながらワークショップにおけるファシリテーターの基本姿勢についてまとめると、企画したプログラムを予定通りに進行しながらも、参加者の様子や参加者同士の相互作用によって起こる出来事を見守りながらよく観察し、状況に応じて即興的な対応や計画の修正を行う必要があると考えられる。一方的に課題や指示を伝えるのではなく、参加者とコミュニケーションを取りながら参加者とともに「創ることで学ぶ活動」を創りあげていく姿勢が求められる。

2　ファシリテーターの役割

Chap.
1

Chap.
2

Chap.
3

Chap.
4

Chap.
5

Chap.
6

　ワークショップのファシリテーションは複数人で行うことが多い。その場合は、チーフファシリテーター、フロアファシリテーター、バックファシリテーターの３種類の役割に分担して運営する。

(1)　チーフファシリテーター

　作成したプログラムに従って、ワークショップ全体の進行と時間管理を行う。参加者全体の状況を把握しながら、他のファシリテーターと連携して活動を支援する。不測の事態への即興的な対応や、計画の修正などの意思決定を行う必要があるため、コンセプトやプログラムについて深く理解しており、実践経験が豊富なコアメンバーが担当することが望ましい。

(2)　フロアファシリテーター

　チーフファシリテーターの統括のもと、個々の参加者の活動を直接的に支援する。参加者１人ひとりの表情や行動を丁寧に観察し、適切な介入を行う。会場内を自然に巡回しながら、１人で複数のグループを担当する場合もあれば、１つのグループに１人のフロアファシリテーターを配置する場合もある。

(3)　バックファシリテーター

　直接的な進行や参加者への介入はせず、ワークショップの会場全体の安全管理などの裏方を支援を行う。参加者の受付や、見学者の対応、写真撮影などの記録、BGMの管理、飲食の準備など、外部環境についての担当者である。実践中に気になることがあれば、随時チーフファシリテーターやフロアファシリテーターに報告し、連携を取りながら実践をサポートする。スタッフが

少ないとバックファシリテーターの役割は軽視されがちだが、適切な記録を取り、状況に応じて適切な選曲と音量でBGMを流すためには、プログラムを十分に理解している必要がある。実践を支える重要な役割である。

ファシリテーションにおけるステークホルダーは、広報のステークホルダーのうち、コアメンバー、運営スタッフ、ワークショップ参加者、である。このうち、コアメンバーと運営スタッフでファシリテーターの役割を分担するとよい。

3 ファシリテーションの困難さ

現場ではよく「ファシリテーションは難しい」という声を耳にする。しかしその「困難さ」の実態は、複雑である。筆者らは、実践者がファシリテーションの困難さをどのように認識しているのかについて、実態調査を行った（安斎・青木 2019）。調査は2017年の6〜11月にかけて、インターネット上での質問紙調査とインタビュー調査を組み合わせて実施した。ワークショップの実践領域や経験年数などの基本情報のほか、当日のファシリテーション場面において、ワークショップのプログラムの各フェーズにおいて、どの程度の難しさを感じているかを5段階で尋ねた。質問紙に回答が得られた152名の内訳は以下の通りである（表3-1）。初心者、中堅、熟達者（ベテラン）の境界線は先行研究によって異なる。本調査では、1〜3年目を初心者、4〜10年目を中堅、11年目以上を熟達者（ベテラン）とした。

プログラムの名称は、調査対象者にわかりやすいように「導入」を「イントロダクション」と「アイスブレイク」に分割し、「知る活動」「創る活動」をそれぞれ「サブ活動」「メイン活動」といい換え、「まとめ」を「発表」と「振り返り」に分割し、また「開始前」と「終了後」というフェーズを追加

した。質問紙調査の結果、プログラムの各フェーズにおける困難さは以下の図の通りである（**図3-6**）。

Chap.
1

Chap.
2

Chap.
3

Chap.
4

Chap.
5

Chap.
6

表 3-1：質問紙調査の回答者の内訳回答

	企業内人材育成	教育（学校・大学）	商品開発	まちづくり	アート	その他	計
初心者（1〜3年目）	12	10	13	6	1	10	52
中堅（4〜10年目）	24	8	15	8	4	19	78
熟達者（11年目〜）	8	3	2	1	4	4	22
計	44	21	30	15	9	33	152

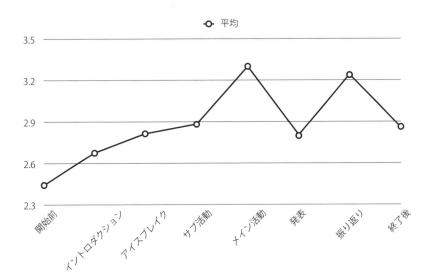

図 3-6：プログラムの各フェーズにおける困難さ

Chap.
1

Chap.
2

Chap.
3

Chap.
4

Chap.
5

Chap.
6

ファシリテーターに最も難しいと認識されていたのは「創る活動」で、その次が「まとめ」における「振り返り」の活動だった。他方で、困難さの認識が低かったのは、「開始前」と「導入」の「イントロダクション」だった。結果の背後にある難しさの質について確かめるべく、質問紙調査の回答者のうち16名のファシリテーターにインタビュー調査を行った。結果、認識されていた困難さはおおまかに「動機づけ・場の空気づくり」「適切な説明」「コミュニケーションの支援」「参加者の状態把握」「不測の事態への対応」「プログラムの調整」「その他」の7種類のカテゴリに分類することができた。

次節からは、プログラムの基本モデル（導入、知る活動、創る活動、まとめ）に沿って具体的なファシリテーションの手順について、上記の調査で明らかとなった困難さの性質とあわせて解説する。

4 導入のファシリテーション

「導入」のファシリテーションはきわめて重要である。優れたプログラムを企画していても、導入において参加者のモチベーションを損い、安心して学べる雰囲気や参加者同士の関係性を作れなければ、その後に続く活動をスムーズに進めることはできない。

前述した調査では、導入のフェーズでは「動機づけ・場の空気づくり」に関する困難さとして、参加者の意欲を湧かせ、場を活性化するための働きかけの困難さが確認された。

（1）開場から開始まで

その意味で、参加者が会場に到着してからワークショップ開始に至るまでの時間に、参加者とどのように関わるかも重要である。人数が多くなければ

参加者1人ひとりと挨拶を交わしたり、必要であれば早く到着した参加者同士の自己紹介を促したり、用意していた飲み物やお菓子を勧めるなどして、リラックスして開始時刻まで過ごせるように配慮が必要である。

(2) イントロダクション

　ワークショップの開始時刻になったら、企画していた導入の進行を始める。開始の挨拶を行い、ワークショップの趣旨や1日のプログラムの流れについて説明する。ここで重要なのは、ワークショップの文脈や世界観をうまく伝え、参加者を活動に徐々に動機づけるように意識をすることである。

　一方的なプレゼンテーションではなく、参加者1人ひとりの表情を見ながら、場合によっては自然に話題を振り、コミュニケーションを取りながら進めたい。少しずつ参加者の緊張を解き、場の空気を暖めるつもりで、ユーモアのある話題や雑談なども織り交ぜるとよいだろう。この段階で遅刻者や欠席者がいる可能性が考えられるが、どのように対応するかは事前に方針を決めておくとよい。

(3) アイスブレイク

　アイスブレイクを行う際には、参加者同士の緊張が緩和できるように、和やかな雰囲気で進める必要がある。ただし、アイスブレイクそのものを目的とせず、その後に続く活動やメインテーマへのつながりを意識しながら展開する。その場の参加者の発言に丁寧に耳を傾け、コミュニケーションを取りながら関係性を築いていく時間にしたい。また、アイスブレイク後に「意見共有」の活動を設けている場合には、アイスブレイクからの接続が自然になるように、自己紹介を継続するつもりで進行するとよいだろう。

Chap.
1

Chap.
2

Chap.
3

Chap.
4

Chap.
5

Chap.
6

導入を通して大切なことは、参加者が安心してワークショップに集中できる空気をつくることである。プログラムを予定通りに進行することにとらわれるあまり、事前に決めていた台詞を一言一句違わずに読み上げるように進行するのでは雰囲気が堅くなってしまう。ファシリテーター自身もリラックスし、参加者と自然な形でコミュニケーションを取りながら進行することが望ましい。

5 知る活動のファシリテーション

知る活動は、「創る活動」の足場掛けとなるよう、新しい情報を収集する時間である。 知る活動の形式は、講義、資料の調査、観察、意見交換など様々なパターンが考えられる。いずれにせよ、参加者1人ひとりが目の前の知るべき情報について咀嚼できているかどうか、よく観察して理解状況をモニターする必要がある。提示された情報を理解できないまま創る活動に進行してしまうと、消化不良のまませっかくの情報が活かされないどころか、参加者にとって活動が分断された脈絡のないプログラムになってしまう。グループやペアで活動を進めている場合には、メンバー内に理解の偏りがないかどうかを確認することも必要である。

もし観察から読み取れない場合は参加者に質問をしたり、内容に関する問いかけを行うことで、理解状況を確認するとよい。参加者の理解が追いついていなかったり、テーマとの関連性を見い出せていない様子が見られる場合は、多少予定時間をオーバーしてでも、ファシリテーターから提示した情報について内容を補足したり、参加者同士で理解を確認する対話の時間を設ける必要があるだろう。

逆に、参加者に余裕があれば、疑問点や内容に関連して思いつく事例や経

Chap.
1

Chap.
2

Chap.
3

Chap.
4

Chap.
5

Chap.
6

験などを付せん紙に書き出してもらうなど、より深く知るための活動を追加してもよいし、予定よりも早めに時間を切り上げてもよい。

前述した調査では、講義を活用する場合は明快な説明がうまくできないことや、知る活動と創る活動のつながりの説明が困難であるという声が多かったため、特に意識したい。

6　創る活動のファシリテーション

「創る活動」はワークショップにおけるメイン活動であり、目標とした学習が参加者に生起し得る重要な時間である。かといって、ファシリテーターが積極的に介入や支援を行えばよいというものではない。前述した調査では、創る活動において「介入し過ぎてしまう」「十分に介入できない」のどちらの回答も多く、介入の塩梅について悩む声が多かった。

ワークショップにおける学習は、葛藤を含んだ試行錯誤を通して生起するため、ファシリテーターが葛藤状況の解決を安易に手助けしてしまうことは、貴重な学習の機会を奪うことにもつながりかねない。議論が行き詰まってしまっていたとしても、基本的には参加者が試行錯誤を通して自発的に問題を解決することを信頼し、観察して状況を把握しながらも、手を出さずに見守ることが重要である。

ただし、以下のような場合には状況に応じて適切な対応を行う必要がある。

(1) 課題の解釈を誤解している場合の対応

参加者が課題の解釈を誤解している場合は、ただちに修正する必要がある。筆者らが行った研究（安斎ほか 2011）によると、課題に制約を設けても、参加者の解釈の仕方によっては制約が働かない場合があることが明らかにな

っている。参加者が課題を誤解していたり、明らかに条件を無視している場合などには、個別に解釈を確認し、補足や修正する必要があるだろう。

また、例えば「制作した作品に名前をつけ、スケッチブックに発表用資料を作成する」など、条件が複数ある場合は制作の最中に条件を忘れてしまう場合もある。その場合は制作の中盤以降になってから、条件をリマインドするなどの対応が必要である。

(2) 完全に行き詰まってしまった場合の対応

乗り越えられる余地のない葛藤状況は、試行錯誤どころかかえって思考停止やモチベーションの低下を招く可能性がある。しばらく見守っていても葛藤を乗り越えられる気配がなく、参加者が試行錯誤を諦めている様子が見られた場合は、葛藤を緩和するための支援が必要である。現在の進捗状況や、何について悩んでいるかについて問いかけるだけでも、メタ認知が促され、解決の糸口が見つかることもある。また課題を難しく解釈し、発想が狭まってしまっている場合は、もっと自由に取り組んで構わない旨を伝えたり、いきなり話し合いをせずにまずは複数の案を個々人で付せん紙などに書き出してもらうことも有効である。それでも解決しない場合は、知る活動で得た情報の活用を促したり、自由な発想のヒントとなるようなアイデアを直接的に提示したり、他のグループの様子を見に行かせるなどの指示をして、行き詰まってしまった発想をほぐすための支援も有効となるだろう。もし時間に余裕があれば、休憩時間を挟むことも有効である。

(3) 明らかに活動に参加できていない参加者がいる場合の対応

グループで作品を制作する活動において、参加者全員が均等に制作に貢献できるとは限らない。全く発言ができていない参加者が見られる場合もある

だろう。意見の強い参加者や、すでに意見が合う参加者が複数いる場合など、そうでない参加者が発言しにくくなる場合もある。

　ただ、そういう場合でも、すぐに焦って対処をする必要はない。一見発言数が少なく、活動に参加できていないように見えても、制作の過程を客観的にモニターしながら、間接的に制作に貢献している場合がある。協調学習の先行研究においても、ペアで話し合いながら取り組むタイプの課題において、手を動かして課題に取り組む「課題遂行役」と、少し高い視点からそれを確認している「モニター役」という自然な役割分担が起こり、モニター役が課題の遂行に対して批判的な吟味・検討を加えたり、飛躍的な提案をする働きを担うことが指摘されている（Miyake 1986）。ワークショップにおいても、必ずしも手を動かしたり意見を活発に出すことだけが貢献ではなく、あまり発言はしないが俯瞰的に制作をモニターしている参加者のちょっとした一言によって、アイデアのブレイクスルーにつながる場合もあるだろう。

　それでも、明らかに居心地の悪さを感じており、活動に参加できていない様子が見られる場合には、ファシリテーターからさりげなく質問をして意見を引き出すなどして、参加を促すことも有効である。また、不満を感じている様子が見られる場合は、何か些細なことが気がかりとなって活動にのめり込めていない場合も考えられる。例えば休憩中に話しかけて様子をうかがうなどして、個別にケアする必要があるだろう。

（4）設定した時間内に活動が終わりそうにない場合の対応

　活動にかける時間は必ずしも事前に企画したプログラム通りに行う必要はなく、参加者の状況に応じて柔軟に調整すればよい。ただし、むやみに延長してしまうと、まとめに十分な時間が割けなかったり、告知していた予定終了時刻をオーバーしてしまうこともある。そのため、設定した時間内に制作

Chap. 1

Chap. 2

Chap. 3

Chap. 4

Chap. 5

Chap. 6

が終わらないことが予想される場合は、残り時間をアナウンスしたり、アイデアを収束させることを促すなどして、制作のペースを早めることを促す必要があるだろう。

7　まとめのファシリテーション

「まとめ」は、それまでの活動で創りあげた成果を参加者同士で共有し、振り返りによって学びを日常に持ち帰ったりするための重要な時間である。時間に余裕を持ってじっくり進めたい。

（1）プレゼンテーション

まず「創る活動」で参加者が創りあげた作品についてプレゼンテーションを行う。一方的なプレゼンテーションになり過ぎないよう、ファシリテーターは他の参加者に作品に対する質問やコメントを促したり、ファシリテーター自身が質問やコメントを行うことによって、インタラクティブに作品が鑑賞できるように心がける。

参加者が時間をかけて創りあげた作品には、短い時間では発表しきれないほどの様々なこだわりが詰まっている場合も多い。ファシリテーターがうまく質問を促すことによって細部へのこだわりや意図に注目できるよう、即興的に進行を行う。この際に、鑑賞の視点が分散し過ぎないように、ワークショップのコンセプトを思い出してもらい、学びのねらいとして設定していた視点が深まるよう、鑑賞の視点を方向づけ、後に続くリフレクションへうまくつなげることも有効である。

プレゼンテーションの後は、時間に余裕があれば自由に作品を鑑賞しながら参加者同士が交流できる時間を設けてもよい。この際に作品の写真を撮影

したり、参加者同士で質問をしながら作品を自由に鑑賞することで、プレゼンテーションの際には気づかなかった細部のこだわりに気がつく場合もある。

Chap. 1

Chap. 2

Chap. 3

Chap. 4

Chap. 5

Chap. 6

（2）リフレクション

　続いて、リフレクションを行う。前述した調査では、「創る活動」の次にこのフェーズの困難さが高かった。その要因は、それまでの進行によって計画していたタイムテーブルよりも遅れが生じ、十分に時間が確保できなくなるケースが多い。リフレクションは、活動を振り返り、学びを言語化する時間であるため、ある程度の時間を確保し、余裕を持ってじっくり進行する必要がある。

　また、困難さ調査では、参加者が何を考えているのか、何を学んだのかの「状態把握」ができないために、どのように進行すればよいかわからないという声もあった。あらかじめ知る活動や創る活動の話し合いによく耳を傾けておき、そこで生まれていたキーワードや疑問を踏まえて、振り返りのための問いを投げかけより学びを深めるための議論を促せると望ましい。グループによって多様な意見が出ている場合は、それらを共有するために話し合ったことを発表してもらったり、グループをシャッフルしたりするのもよいだろう。

（3）ラップアップ

　最後に、主催者からワークショップについてまとめ、終了の挨拶を行う。企画の段階で準備していた内容があれば予定通り進行すればよいが、ラップアップの内容を当日考える場合は、プレゼンテーションやリフレクションの参加者の話し合いを踏まえ、視点の整理を行ったり、感想や考察を述べたりするとよいだろう。

Chap.
1

Chap.
2

Chap.
3

Chap.
4

Chap.
5

Chap.
6

　まとめを通して重要なことは、「創る活動」のときには没入していて気が
つかなかったことを、じっくりと言語化してもらうことである。そして日常
に活用できそうな学びに意識を向けてもらいながら、同時に疑問に感じたこ
とやわからなくなったことなどの「もやもやしたこと」についても意識を向
けてもらうことが重要である。学習は葛藤から生起する。ワークショップの
中だけで学習を終わらせないためには、ワークショップで新たに生まれた葛
藤を日常にきちんと持ち帰ってもらうことが重要なのである。

8　観察と調整を支える知識構造

　以上、企画したプログラムに沿って活動を進行するための手順を説明して
きた。しかし、前述したようにワークショップは当日何が起こるかわからな
い。当日の状況に応じて、即興的に対応することが求められる。筆者らの別
の調査では、熟達したファシリテーターの実践知の構造を明らかにするため
に、当日の振る舞いの観察調査を行った（安斎・東南 2020）。本調査の結果、
熟達したファシリテーターの当日の振る舞いは「調整」と「観察」の2つに
大別できること。その背後には固有の知識構造があることが明らかになった。

（1）調整

　ファシリテーターの当日の仕事の大半は「調整」の作業に集約される。筆
者らの調査では、主に「プログラムの調整」「情報伝達の調整」「関係性の調
整」「リアクションの調整」の4つの調整作業が明らかとなった。「プログラ
ムの調整」とは、参加者の表情・意欲・姿勢などを見て、プログラムの追加
や変更、分割を行い、難易度を調整する介入を指している。「情報伝達の調
整」とは、それぞれの活動の指示の仕方を調整する工夫を指している。「関

係性の調整」とは、参加者同士の固着化した関係性を揺さぶったり、権力関係を生じないように調整したり、関与レベルの低い参加者を巻き込んだりする工夫を指している。「リアクションの調整」とは、参加者の意見や話し合いの内容に対して、ファシリテーターが積極的にリアクションをとることで、発言を後押ししたり、創造的なアイデアを奨励したりする工夫を指している。

　このうち「プログラムの調整」は場に対する影響が大きく、重要である。ワークショップ当日は、様々な予期せぬトラブルが起こりうる。ときには大幅にプログラムを変更せざるを得ない場合もあるだろう。どのような事態が起きても、慌てずにファシリテーター同士で相談しながら柔軟にプログラムを調整しなければならない。どのような手順や基準で意思決定を行うべきか、事前に連携や責任の範囲を決めておく必要がある。

　プログラムを調整するきっかけは、必ずしもネガティブなトラブルだけではない。プログラムの途中で、事前に企画していた案よりも優れた活動案や課題設定をその場で思いつくこともあるかもしれない。筆者が以前行ったあるワークショップでは、参加者の「こういうテーマについて議論したい」という発案によって、その場でプログラムを大幅に変更したこともある。事前に作成したプログラムにこだわり過ぎず、その場にある人や資源を最大限に活かしながら、参加者とともによりよいプログラムを即興的に創っていく姿勢を持つことができれば、実践者にとっても学びの溢れるワークショップになるだろう。

（2）観察
　熟達者の的確な調整作業は、現場の「観察」によって支えられている。ここでいう観察とは、客観的に観測可能な「事実」に関する情報を幅広く収集し、それらに整合する意味を「解釈」することである。必ずしも目で見るだ

Chap.
1

Chap.
2

Chap.
3

Chap.
4

Chap.
5

Chap.
6

けでなく、参加者の話し合いに耳を傾けることもまた観察の一種である。参加者の発言、表情、姿勢、手の動きなど、目や耳で把握できる情報を多角的に収集し、状況を解釈するための手がかりとする。この解釈に基づいて、どのような「調整」が最適化を意思決定する。チーフ、フロア、バックファシリテーターが協力して情報を集め、コミュニケーションを取りながら解釈の目線を合わせるとよいだろう。

(3) 実践知の構造

このようなファシリテーションにおける「観察」と「調整」の技術は、どのような実践知に支えられているのだろうか。実践知（practical intelligence）とは、熟達者（expert）が持つ実践に関する知性のことである（金井・楠見 2012）。熟達研究によれば、実践知は「手続的知識」「概念的知識」「メタ認知的知識」の３つの知識によって構成される（波多野・稲垣 1983）。「手続的知識」とは、繰り返し用いられる手順（routine）を表しており、「こういうときには、こうする」といった形式で、条件と行為の対の集合によって記述される。「概念的知識」とは、手続きの対象を含む世界を理解するためのモデルであり、なぜその手続的知識がうまく働くのか、意味付けするための知識である。

「メタ認知的知識」とは、手続的知識と概念的知識の活用と獲得に関わる知識であり、熟達の方向性に影響を与える。熟達者が保持する「手続的知識」と「概念的知識」の両者は緊密に結合しており、そのメタ水準にある「メタ認知的知識」は、実践者としての絶えざる向上を支える基礎となる（波多野 2001）。

筆者らの調査（安斎・東南 2020）の結果、熟達したファシリテーターが保持していた「手続的知識」は、前述した「調整」と「観察」の具体的なテ

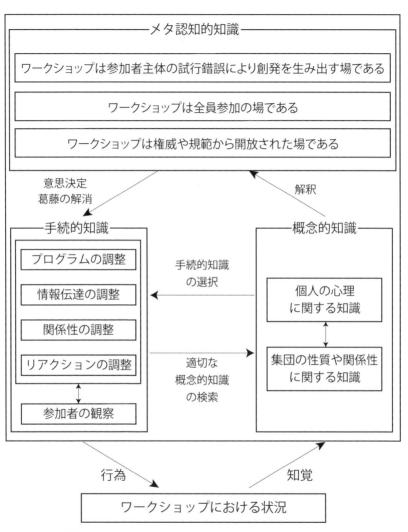

図 3-7：熟練者によるファシリテーションの実践知の構造（安斎・東南 2020）

Chap. 1

Chap. 2

Chap. 3

Chap. 4

Chap. 5

Chap. 6

Chap.
1

Chap.
2

Chap.
3

Chap.
4

Chap.
5

Chap.
6

クニックが主であったが、それらと結びつくかたちで、個人の心理や、集団の性質や関係性に関する「概念的知識」が確認された。ここには第2章で示した「フロー理論」や、デューイの「経験学習」の考え方なども含まれており、ファシリテーターが「理論」を学ぶことの重要性がわかる。

　また熟達者は、ワークショップに対する価値観・信念として、①ワークショップは参加者主体の試行錯誤により創発を生み出す場である、②ワークショップは全員参加の場である、③ワークショップは権威や規範から解放された場である、という3種類の「メタ認知的知識」を共通して保有しており、これを基準としながら、「概念的知識」を使って状況を知覚し、適切な「手続的知識」を選択して具体的な行為を決定しているという構造が明らかになった（**図3-7**）。

Section **3**	**事例：CAMPクリケットワークショップ**

　ワークショップの運営の事例として、「CAMPクリケットワークショップ」の取り組みを紹介する。まず、CAMPの活動概要やワークショップの事例について述べた後、その運営を支えている広報やファシリテーションについて述べる。

1　実践の背景

(1) CAMP（Children's Art Museum & Park）とは
　CAMPとは、小学生から中学生を対象にしたワークショップの開発・実

践と全国への普及をして
ている実践共同体であ
る。子どもたちの「共
に創る力」を育むこと
を目指すSCSK株式会社
の社会貢献活動として、
2001年から行われてい
る。

CAMP クリケットワークショップ
【場所】東京大学情報学環・福武ホール
【コンセプト】クリケットと各種素材を用いて「動くおもちゃ」
を創ることで、パソコンも1つの道具であり、プログラミング
が表現手段であることを理解する。
【参加者】小学校低学年20名

CAMPスタジオ（東
京都）をCAMPワーク
ショップの開発拠点と
し、独自開発のほか、
米国マサチューセッツ
工科大学（MIT）メデ
ィアラボをはじめとする国内外の研究者やアーティスト、企業・団体との共
同開発により、60種類以上のワークショップを開発している。また、実践を
繰り返すことによって内容を洗練させ、テーマ設定、プログラム、素材の種
類やファシリテーションの方法、空間設営や時間配分など、様々な視点から
検証と改良を加えていき、開発したワークショップのパッケージ化と普及に
も力を入れている。

(2) 活動の理念

CAMPワークショップの具体的なコンセプトやプログラムの内容はワーク
ショップによって異なるが、一貫した理念として、最終的に出来上がる作品
の質よりも子どもたちが主体的に楽しんで活動できることを第一に考え、ワ

Chap.
1

Chap.
2

Chap.
3

Chap.
4

Chap.
5

Chap.
6

ークショップにおける「考える」「つくる」「つながる」「発表する」「ふりかえる」プロセスを重視している。

CAMPワークショップで大切にしていること

ⅰ）考える：好奇心・探究・発見
考えることは楽しいことです。わくわく・どきどきする好奇心を膨らませ、探究と発見を繰り返していきます。

ⅱ）つくる：過程・試行錯誤・創造力
つくる過程での試行錯誤は、ときには失敗や苦しみもあります。それらはすべて、創造力へとつながっていきます。

ⅲ）つながる：出会い・共有・交換
ワークショップは出会いの場です。時間や空間を共有しアイデアを交換し合い、お互いにつながっていきます。

ⅳ）発表する：客観視・理解・伝達
伝えることは、相手と自分を理解する機会となります。発表することで、客観的に自分自身を見つめ直します。

ⅴ）ふりかえる：きっかけ・成長・再構成
ふりかえることは次へのきっかけと成長につながります。体験や感じたことを再構成し、改めて心に刻みます。

　これらのプロセスを通じて、子どもたちが楽しみながら自分にあった表現方法を見つけ、コミュニケーションの輪を広げていくことを目指している。
　約20年の実践の蓄積があるCAMPのワークショップの初期に参加していた子どもたちは、その多くがすでに成人している。筆者らは、小学生の頃に

繰り返しCAMPワークショップに参加しており、現在20歳以上となっている13名にインタビュー調査を行った（安斎・山内 2020）。その結果「好奇心や興味関心の深まり」「キャリアの選択への影響」「コミュニケーション能力の向上」「リーダーシップの向上」「成果以外の評価基準の形成」「思考の方法の上達」といった長期的な影響があったことを確認している。

2 実践の概要

(1) クリケットとは

　CAMPワークショップの中でも、最も代表的なワークショップが「CAMPクリケットワークショップ」である。CAMPクリケットワークショップとは、MITメディアラボによって開発された「クリケット」（**図3-8**）と呼ばれる乾電池式の小型コンピュータと、モーター、ライト、センサー、スピーカーと約200種類の素材を組み合わせ、プログラムによって動くおもちゃを制作するワークショップである。

　クリケットには4つのポートがあり、モーターやセンサーなどを自由に組み合わせて接続することができる。また、パソコン上でクリケットの動作を制御するプログラムを作ることによって、クリケットを自由に動かす

図 3-8：クリケット

Chap. 1
Chap. 2
Chap. 3
Chap. 4
Chap. 5
Chap. 6

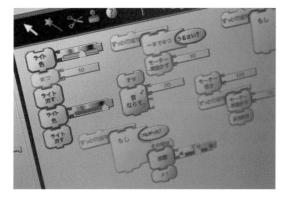

図 3-9：プログラムの画面

ことができる（**図3-9**）。プログラムのコマンドにあたるブロックを「センサーが音や光に反応するとモーターが回る」というように組み合わせることによって、プログラミングの専門知識のない小中学生でも、発想と工夫次第で「動くおもちゃ」を短時間で制作することができるツールである。

（2）企画の概要

　CAMPクリケットワークショップのコンセプトは、「クリケットと各種素材を用いて『動くおもちゃ』を創ることで、パソコンも１つの道具であり、プログラミングが表現手段であることを理解する」ことである。学習目標の中心は「パソコンも１つの道具であり、プログラミングが表現手段であることを理解する」ことであるが、その他にも「いろいろな素材を使って、発想を形にしていく体験をする」「動きと形を関連づけて考える」「２人で協力してものづくりをすることの面白さ、大変さを体験する」ことなども学習目標として設定されている。

　CAMPクリケットワークショップの具体的なプログラムは以下の流れで構成されている。

表 3-2：CAMP クリケットワークショップのプログラムとタイムテーブル

時間	内容	概要
13：00 - 13：25	導入	・テーマ発表、流れの説明 ・自己紹介、グループ分け
13：25 - 14：05	知る活動	・プログラミングの説明・素材と道具の説明
14：05 - 15：30	創る活動	・作品の制作・作品レポートの作成
15：30 - 16：30	まとめ	・発表会・鑑賞会による感想の共有 ・ワークショップ中の写真を見ながらふりかえり

Chap.
1

Chap.
2

Chap.
3

Chap.
4

Chap.
5

Chap.
6

(3) 導入

　事前に申し込みをしている参加者が会場に到着すると、受付で名札を作成してもらい、ワークショップの開始時刻まで待機してもらう。待機の間は、ファシリテーターからコミュニケーションを図りながら、制作で用いる素材を見せたり、作品のサンプルを紹介したりしながら開始時刻を待っていた。

　開始時刻になったら、チーフファシリテーターの挨拶でワークショップ導入のためのイントロダクションを開始した。参加者同士で顔が見えるように輪になって座り、ワークショップのスケジュールやルールについて説明した後、制作する作品のテーマの発表が行われた（図 3-10）。CAMPクリケットワークショップでは、「びっくりするおもちゃ」「寒い冬をあたたかくしてくれるおかしな

図 3-10：導入の様子

Chap.
1

Chap.
2

Chap.
3

Chap.
4

Chap.
5

Chap.
6

ロボット」「未来の動物」など、制作するおもちゃに毎回異なるテーマが設定される。今回のワークショップでは「○○ヒーロー／ヒロイン」というテーマであった。テーマを発表する際には、過去に同様のテーマで実施した際の作品のサンプルを提示し、参加者のイメージを膨らませていた。

テーマを発表した後は、輪になったまま参加者同士で自己紹介を行い、くじ引きによって2人1組のペアにグループ分けを行った。

(4) 知る活動

クリケットのセットを各ペアに配布し、チーフファシリテーターから組み立て方の説明を行った。やり方がわからないペアがいた場合には、近くにいるフロアファシリテーターからフォローの説明を行った。

続いてプログラミングの方法について説明を行った（**図3-11**）。PC上で命令したい動作のブロックをマウスでつなげるだけで簡単にプログラムが作れること、プログラムした命令をパソコンからクリケットにダウンロードするとモーターやセンサーの動作が制御できることなど、実演を通してプログラミングの手順について説明した。

プログラミングの説明を踏まえて、ペアごとにプログラミングの練習問題に取り組み、理解の確認を行った（**図3-12**）。練習問題の過程はフロアファシリテーターが巡回しながらモニターし、片

図3-11：プログラミングの説明の様子

方の参加者ばかりが作業に取り組んでいる場合はもう1人のペアにも作業を促したり、理解できていない箇所が見られた場合には個別に再度説明を行った。

プログラミングの方法について理解した後は、作品を制作するための素

図 3-12：練習問題の様子

材と道具について紹介を行った。CAMPクリケットワークショップでは、制作用の素材として、木の実、貝、石などの自然素材、スチロール球、梱包材などの合成樹脂製品、画用紙、ダンボール、セロファンなどの紙類、ばね、ボルト、ねじなどの金属製品、綿、サテン、フェルトなどの繊維製品、毛糸、テグスなどの紐類など、約200種類の素材が用意されている。また、制作に必要な道具として、はさみやカッターなどの切る道具、テープやホットボンドなどのくっつける道具、色えんぴつやマーカーなどの描く道具などが用意されており、制作に自由に活用することができる。ホットボンドは利用の際に注意が必要なため、安全に制作が進められるよう、道具の使い方も丁寧に解説した。

（5）創る活動

創る活動では「○○ヒーロー／ヒロイン」というテーマに従って、ペアで相談しながら作品のアイデアを出し合いながら進める。まず使いたい素材を集めながら、素材とプログラミングを組み合わせることによってどんな「ヒ

Chap.
1

Chap.
2

Chap.
3

Chap.
4

Chap.
5

Chap.
6

図 3-13：制作の様子

ーロー／ヒロイン」が作れそうかを試行錯誤をしていた様子が見られた（図3-13）。

　フロアファシリテーターは各ペアを巡回しながら参加者の制作の様子をモニターした。参加者が制作の過程で悩んだり困ったりしている様子が見られても基本的にはすぐに手を貸さず、ある程度観察をして様子を見てから介入をしていた。チーフファシリテーターは中に入り過ぎず、全体を俯瞰しながらフロアファシリテーターとコミュニケーションを取り、各ペアの制作状況を把握し、必要に応じて介入の指示を出していた。

　CAMPクリケットワークショップでは、素材の豊富さゆえに、プログラミング作業よりも、素材の組み合わせによる造形活動に没頭してしまうこともある。そこで、フロアファシリテーターは随時「この作品はどこが動くの？」と問いかけ、プログラミングで動作を考えることを忘れないように促していた。

　作品が完成したら、作品の名前や紹介、工夫した点などを作品レポートにまとめた。参加者によって工夫した点や満足度は違うため、作品レポートは1人ずつ記入した。

(6)　まとめ

　制作終了後、チーフファシリテーターの司会進行のもとで、ペアごとに作

品について発表を行った
（図 3 -14）。発表の際は、
プログラミングの動作を
実演しながら、作品レポ
ートに記入した「作品の
タイトル」「自分にとっ
ての作品の点数（100点
満点）」「好きなところ」
「難しかったところ」に
ついて発表をした。

図 3 -14：発表の様子

　図 3 -14の作品は「きょうふのぐるぐるマン」という作品である。プログ
ラムによってメロディを奏でながら回転し、勢いよく両腕を振り回しながら
攻撃できるように作られている。他にも、プログラミングと素材の組み合わ
せが工夫された作品が多数生まれていた。

　発表後、作品に対する質疑応答を行った。参加者から質問が出ない場合は
フロアファシリテーターから「作品を立たせるのが難しそうだったけど、ど
うやって立たせたの？」「よくみるとストローを上手に使ってるね。どうや
ってつけたの？」「〜が難しかったって言ってたけど、どういう風にしたら
うまくいったの？」など、試行錯誤の過程のより具体的な振り返りを促すよ
うな質問を行っていた。

　発表後は自由に作品を鑑賞できる時間を設け、実際に作品に触ったり観察
したりしながら他のグループの作品の工夫点を見つけ、感想を付せん紙に書
いて共有した（図 3 -15）。

　鑑賞後は、ワークショップ中に撮影した写真を見ながら、ワークショップ
で体験したことや感じたことを参加者全員でリフレクションを行った。また、

「ふきだし」の形をした感想シートに感想を記入してもらった。最後は参加者全員で輪になって、挨拶をしてワークショップを終了した。

図 3-15：鑑賞の様子

3 運営のステークホルダー

CAMPクリケットワークショップのステークホルダーは以下の通りである。

（1）コアメンバー

CAMPは、前述の通りSCSK株式会社の社会貢献活動として行われている。コアメンバーは、SCSK株式会社に所属する専任スタッフ数名によって構成されている。当日のチーフファシリテーターはコアメンバーのうち1名が務めた。

（2）関心共同体

CAMPのワークショップは、小学生から中学生を対象にしている。今回のCAMPクリケットワークショップでは小学校低学年が対象であったが、高学年から中学生を対象に実施することもある。子ども向けのワークショッ

Chap. 1

Chap. 2

Chap. 3

Chap. 4

Chap. 5

Chap. 6

プは基本的には保護者が情報をチェックしている場合が多いため、小学生から中学生の子どもを持つ保護者も関心共同体に含む。

(3) 運営協力者

　CAMPのワークショップの運営スタッフの半数以上は、協力を希望するボランティアスタッフによって構成される。ボランティアスタッフはSCSK株式会社やそのグループ会社に所属する社員が社会貢献活動の一環として参加している場合が多いが、外部から一般の希望者が参加する場合もある。どちらにせよ、CAMPが実施している「ファシリテーター研修」を受講し、CAMPワークショップの考え方やファシリテーションの技術を習得することが求められる。

　また、開催地域の小学校や公共施設にフライヤーを配布したり、広報の協力者も存在したりする。

(4) ワークショップ参加者

　当日足を運んだ小学生20名がワークショップの参加者である。CAMPのワークショップでは、見学を希望する保護者が多く、見学席も用意されている。作品の発表や鑑賞会では子どもたちの近くに見学席を移動し、保護者も鑑賞に参加する。

(5) 研究者

　CAMPは、積極的に研究者との連携を通してワークショップやファシリテーター研修の開発と評価を行っている。実践当日の記録やデータの収集は、コアメンバーが実施している。

4 広報

　CAMPクリケットワークショップの運営は、戦略的な広報活動によって支えられている。ワークショップの広報活動は、102頁で述べた通り、以下の3種類のコミュニケーション活動のサイクルを回すことによって展開される。CAMPは、充実した記録を活用しながら、これらの広報活動を展開している。

> ・情報の発信：参加者を募るため、実践者の認知度を広めるための告知活動
> ・情報の収集：実践対象者の感想や意見を集める活動
> ・情報の共有：コミュニティ内で情報を共有し、運営に活かす活動

（1）情報の発信

　ワークショップの告知は、ウェブサイト、フライヤー、メーリングリストを通して行われている。ウェブサイト上の告知文（**図3-16**）では、実践の様子がわかる写真とワークショップの概要が記載され、そのままウェブ上から申し込みができるようになっている。

　フライヤー（**図3-17**）は、地域の小学校などの協力を得て小学生やその保護者に向けて配布されている。フライヤー経由で申し込む参加者も少なくないという。

　他にも、過去の参加者へメールで案内を流すことによって告知を行っている。リピート参加者を促せるほか、一度参加した子どもの兄弟が参加することも多く、効果が上がっている。

　また、CAMPのウェブサイトでは、告知文とは別に、過去のCAMPクリケットワークショップの実践のレポートも参照することができる（**図3-18**）。

CAMP クリケットワークショップ＠東京大学

かいさい日時	2012/11/4（日）13：00〜16：30
会場	東京大学　情報学環・福武ホール
対象	小1〜小3
定員	20名
しめきり	※締め切りを掲載
参加費	無料
持ち物	飲み物
ないよう	コンピューター「ピコクリケット」とモーターやセンサー、スピーカー、約200種類のいろいろな素材にみんなのアイディアを組み合わせて、プログラムで動くおもちゃをつくろう。2人1組で協力しながら、動きはパソコンでかんたんにつくれるよ！
びこう	＜お願い＞ ○よごれてもいい、動きやすい服そうできてください。 ○つくった作品はお持ち帰りいただけません。作品の著作権はCAMPに属します。 ○保護者の方はご参加いただけませんので、あらかじめご了承ください。会場内に見学席をご用意いたします。 ○応募多数の場合は締切日後に抽選となります。当選された方には招待状をお送りします。 ○終了時刻は進行状況により前後する場合があります。 ○当日新聞やテレビなどの取材が入る場合があります。また、当日の様子をスタッフが写真・ビデオ撮影し、CAMPのウェブサイトへの掲載や活動紹介に使用させていただきます。
お問い合わせ	SCSK株式会社 〒135-8110　東京都江東区豊洲3ー2ー20 豊洲フロント

図 3-16：ウェブサイト上の告知文

Chap.
1

Chap.
2

Chap.
3

Chap.
4

Chap.
5

Chap.
6

図 3-17：フライヤー

写真を多く活用することで、実践の雰囲気が伝わるように配慮されている。

　また、ウェブ媒体だけでなく、過去のワークショップのレポートや、参加した子どもや保護者に対するアンケートの記録はCAMPの活動10周年を記念して発行された小冊子にまとめて掲載されている。アンケートでは高校生や大学生になった元CAMPワークショップの参加者たちが、ワークショップに参加していた小中学生当時を振り返りながら回答しており、CAMPワークショップの体験が現在の自分にどのような影響を与えているかが語られている。CAMPワークショップがその理念通り、子どもたちの長期的な成長に寄与していることが示されており、こうした記録も重要な広報活動の媒体になっている。

　過去の実践のレポートや参加者の声をポートフォリオとしてまとめて公開することは、告知の効果を高めるだけでなく、実践共同体としての信頼感の

醸成にもつながっている。

(2) 情報の収集

　CAMPワークショップでは、実践のたびに参加者の感想や意見を収集している。実践終了時に記入してもらった「感想シート」は全て回収してファイリングし、内容はテキストデータに書き起こし、実践ごとに保存する。また、回によっては

図 3-18：ウェブサイト上の実践レポート（一部）

参加者やその保護者にアンケートを実施し、感想を収集することもある。このような継続的なアンケートによる情報収集は、前述の小冊子のコンテンツなどに活かされている。

　直接的な感想や意見だけでなく、活動の様子も丁寧に記録している。バックファシリテーターの撮影による写真記録や、作品レポートは全て実践ごとに収集し、保存している。これらの記録は実践の改善のための重要な情報として活用されている。

(3) 情報の共有

　CAMPワークショップでは、毎回の実践終了後に運営スタッフによる「反省会」の時間を取り、実践の振り返りを行っている。反省会では、各自ファシリテーターとしての振る舞いの達成度を項目別に5段階でチェックす

Chap. 1
Chap. 2
Chap. 3
Chap. 4
Chap. 5
Chap. 6

Chap.
1

Chap.
2

Chap.
3

Chap.
4

Chap.
5

Chap.
6

図 3-19：ファシリテーター
リフレクションシート

図 3-20：反省会シート

ることができる「ファシリテーターリフレクションシート」（**図3-19**）と、プログラムの各フェーズで気づいた改善点や反省点を文章で記入することができる「反省会シート」（**図3-20**）を記入する。記入後、チーフファシリテーターの進行のもとで、参加者との関わりや観察によって気づいたこと、運営上の反省点などを共有し、運営の改善に活かしていく。

　各スタッフが記入したシートは、参加者の作品や感想の記録などとまとめて全てファイリングして保存し、実践に参加しなかったコアメンバーに互いに報告しあう。このような情報の共有も、運営を支えるために重要な広報活動の1つである。

5　ファシリテーション

Chap. 1

Chap. 2

Chap. 3

Chap. 4

Chap. 5

Chap. 6

（1）ファシリテーターの基本姿勢

　CAMPのファシリテーター研修用ハンドブックには、ファシリテーターの基本姿勢として、以下の5項目が掲げられている。参加者を子ども扱いし過ぎず、参加者を信頼し、自主性を尊重する姿勢が重視されている。

> ⅰ）こどもが主役
> こどもたちが自分自身で決定し行動できるよう、ファシリテーターは黒子として、ワークショップを支えます。常にこどもと同じ視点を持って、ワークショップに参加しています。
>
> ⅱ）信じる
> こどもは大人とは違うスピードと方法で一生懸命に活動し、成長しています。こどもを信じる姿勢を忘れず、ファシリテーターとして常に冷静に判断し、行動します。
>
> ⅲ）気づく
> 小さな達成や変化に気づくことができるよう、こどもたち一人ひとりに目を配り、小さなことでも言葉にして感動を伝えます。
>
> ⅳ）向き合う
> 一人の人として、こどもと話すとき、耳も目も体もしっかり正面から向き合って、真剣に会話し、気持ちを分かちあえる関係を築きます。
>
> ⅴ）常に新しく
> 同じワークショップは二度とありません。同じこどもたちが集まることもありません。常に新しい気持ちで取り組み、毎回のワークショップを大切にしていきます。

(2) ファシリテーターの役割

113頁で述べた通り、ワークショップのファシリテーターには、チーフファシリテーター、フロアファシリテーター、バックファシリテーターの3つの役割が存在する。3種類のファシリテーターの役割がそれぞれの役割を果たしながら、互いにコミュニケーションを取りながら運営を進行する。

(3) ファシリテーションマニュアル

CAMPワークショップの特徴は、コアメンバー数名以外はファシリテーター研修を受講したボランティアスタッフによって構成される点である。実施日によって参加するボランティアスタッフは異なり、そのファシリテーションの経験年数は様々である。経験の浅いボランティアスタッフが参加した場合でも実践の質が下がらないよう、CAMPクリケットワークショップのファシリテーションの手順は詳細にマニュアル化され、指針が明確になっている。

Section **4**	運営の要件

これまで、広報とファシリテーションに焦点を当てながら、ワークショップの運営方法について説明してきた。ワークショップにおける運営は、企画したプログラムを遂行する上で重要な手続きであると同時に、その方法によって参加者の創造的経験学習のプロセスにも大きく影響する重要な要素である。本節では、第2章と同様に、学習を生起するための運営の要件について述べる。

> ・参加者の多様性
> ・葛藤状態の調整
> ・安心できる環境
> ・多様なレベルの参加
> ・実践の内省

Chap.
1

Chap.
2

Chap.
3

Chap.
4

Chap.
5

Chap.
6

1　参加者の多様性

　第一の要件は「参加者の多様性」である。集団の多様性が学習や創造を促すことは、これまでの様々な研究によって指摘されている。集団の「多様さ」を決める変数は様々だが、技能や専門性、持っている知識などの多様性を高めることが有効だと言われている。多様なメンバーと協同することで、視点の相違から新しい洞察が得られたり、幅広い知識を活用して問題の解決が導かれるためである。

（1）告知による多様性の確保

　ワークショップの参加者を告知によって募る際にも、是非このことを意識しておきたい。1節では、告知を成功させるためには参加者にとっての魅力の核を見極めることが重要であると述べた。しかし、魅力の核を1つに絞り過ぎると、集客には成功するかもしれないが、かえって参加者の多様性が失われることもあり得る。可能であれば、魅力の核は複数持っておき、それらを告知文にうまく散りばめられるとよい。そうすれば、所属、背景、参加動機の異なる、多様な参加者で構成される実践となるだろう。また、1つのチャネルで告知をし続けるのではなく、複数のチャネルを意識的に選定したり、

複数のコミュニティに広報協力を依頼するなどして、なるべく多様なルートで参加者が集まるように工夫をすることも有効だろう。

(2) 新参と常連のバランス

継続的に実践をする場合は、繰り返し実践に参加してくれるいわゆる「常連」が生まれることもある。常連参加者は実践者の価値観のよき理解者であり、議論を深めるために積極的に貢献してくれたり、場合によっては運営の一部を協力してくれることもあるかもしれない。

ところが、常連参加者が増えていき、「いつも同じ顔ぶれ」の状態になってしまうと、場は硬直化し、進行は予定調和的になり、かえってノンフォーマル学習であるワークショップの魅力が薄れてしまう。参加者の多様性を維持するためにも、常連参加者を大切にしながらも、新規に参加してくれる参加者を開拓するための工夫を続け、新参と常連のバランスは常に意識しておきたい。

2　葛藤状態の調整

第二の要件は「葛藤状態の調整」である。活動における葛藤が学習の源泉となることは、エンゲストロームの理論を紹介しながらこれまでも繰り返し述べてきた。また、チクセントミハイのフロー理論においても、活動が簡単過ぎても難し過ぎても楽しさを感じているフロー状態には入れないことが指摘されている。学習や没入を持続させるためには、適切な葛藤の状態に置かれていることが必要なのである。

（1）ファシリテーションによる調整

　ワークショップのファシリテーションにおいても、このことは常に意識をしておきたい。活動の最中でアイデアがすぐに思いつかなかったり、参加者同士で意見がまとまらなくて困っていたとしても、必ずしもそれを手助けすることが参加者の学習につながるとは限らない。もしそこに何らかの試行錯誤が生まれているのであれば、それは学習を駆動する適切な葛藤状態と言える。むやみに手を貸さずに、参加者が自発的に解決することを信頼して見守るほうが望ましい。

　一方で、いつまでも問題が解決できず、葛藤状態が強くなり過ぎると、解決することを諦めてしまったり、思考が停止してしまう場合も考えられる。その場合は、ファシリテーターが適切な支援を行い、障壁となっている要素を取り除き、改めて試行錯誤に向けて動機づけていく必要がある。

　逆に、参加者が想定よりも簡単に課題の制約を乗り越えてしまい、試行錯誤が起こっていないと感じた場合には、制約をより強く意識させる問いかけによって、揺さぶりをかけることも有効である。CAMPクリケットワークショップの事例で言えば、素材の組み合わせによる造形活動に没頭している参加者に、「この作品はどこが動くの？」と問いかけることによって、プログラミングによる知的な試行錯誤を促していた。

　ファシリテーターは、常に参加者の葛藤状態をモニターし、調整することによって、試行錯誤を促すとよい。

（2）新たな葛藤への意識化

　制作中だけでなく、ワークショップの終了時点での参加者の葛藤状態も重要である。活動が楽しく、発見の多いワークショップでは、終了時に参加者の満足度も高まっている場合が多いだろう。しかし、完全にスッキリした状

Chap.
1

Chap.
2

Chap.
3

Chap.
4

Chap.
5

Chap.
6

Chap.
1

Chap.
2

Chap.
3

Chap.
4

Chap.
5

Chap.
6

態でワークショップを終えてしまっては、その次の学習にはつながらない。ワークショップの中で葛藤を乗り越え、課題を解決しながらも、その過程で新たな疑問や葛藤が生まれている状態が望ましい。

リフレクションの際には、テーマに関して、新たにわかったことの他に、わからなくなったことについても尋ねてみてもよい。CAMPのような子ども向けのワークショップであれば、作品の工夫点について褒めるだけでなく、よりよい作品を創るにはどうすればよいか、問いかけるのも有効だろう。新たに生成された葛藤も自覚的に認識した上でワークショップを終われるよう、ファシリテーターから促すようにしたい。

3　安心できる環境

第三の要件は「安心できる環境」である。ワークショップはノンフォーマル学習の活動であるため、参加者同士が初対面であり、緊張したり不安を感じたりしている場合が多い。無闇に不安を感じている状態では自己表現や挑戦心が生まれにくく、学習にもつながりにくい。

そのため、プログラムにおいては導入のアイスブレイクが重要になることは前章ですでに述べた通りだが、運営の側面からも、参加者が安心して学べる環境を整備できるよう出来る限り配慮する必要がある。

例えば、意外に重要なのは、ワークショップが開始するまでの待機時間である。この時間にファシリテーターが参加者を歓迎し、1人ひとりとコミュニケーションを図ったり、参加者同士の交流を促しながら時間を過ごせれば、場に安心感が生まれるだろう。逆に、ファシリテーターが直前まで準備に追われ、会場を訪れた参加者を放置してしまえば、参加者は不安や居心地の悪さを感じ、うまく活動に入っていけなくなるだろう。

子ども向けのワークショップであれば、安全面にも十分に配慮することは子どもだけでなく保護者の安心感にもつながる。あらかじめ見通しがよく活動を見守りやすい空間を設営しておくなどして、のびのびと活動に取り組める「転んでもよい」環境をつくることが重要である。大人向けのワークショップであれば、ファシリテーターが張り付いて監視することがかえって自己表現を阻害する場合もある。適切な距離感をはかりながら、適度な傾聴と承認を行い、安心して自分を表現できる環境をつくることが重要である。

　その他にも、トイレの位置に関するアナウンスや、最低限の飲食物の準備、誰がスタッフであるのかをネームプレートなどで明示するなどの配慮も有効である。子ども向けのワークショップであれば、安全面にも十分に配慮することは子どもだけでなく保護者の安心感にもつながる。大事なことは、様々な視点から十分にシミュレーションを行い、参加者にとっての不安の種となり得る要素をできる限り排除しておくことである。

　余計な不安感によって学習活動を疎外しないよう、配慮と工夫のある運営を心がけたい。

4　多様なレベルの参加

　第四の要件は「多様なレベルの参加」である。ワークショップ実践において学ぶのは参加者だけではない。コアメンバーはもちろん、当日の運営に関わってくれた実践共同体のメンバー全員に学習があるほうが望ましい。そのためには、実践への参加の方法を多様に用意しておく必要がある。コミュニティにとって重要な役割をはたすメンバーをたくさん持っていることは、ワークショップ実践を支えるコミュニティの力になる。

　広報の協力者や、当日の記録スタッフなどは、チーフファシリテーターや

Chap.
1

Chap.
2

Chap.
3

Chap.
4

Chap.
5

Chap.
6

フロアファシリテーターに比べると実践への貢献度が低いように見えるかもしれないが、長期的に見ればコミュニティに重要な貢献をしていることになる。また、企画や運営に熱心に関わるわけではないが、企画にちょっとした意見をくれたり、たまに運営に顔を出してくれるようなメンバーもいるかもしれない。そのような周辺メンバーに対しても参加の方法を閉ざさず、その貢献を尊重するようにしたい。

ワークショップの運営スタッフの学習過程に関する研究（高尾・苅宿2008）によれば、スタッフの専門性発達には「周辺」からの参加が重要であるという。比較的軽い責任を追うところから運営に関わり、ゆとりを持ちながら主体的に学ぶ姿勢を持つことによって、ワークショップ実践者として専門性を高めていくのである。実践の成否に関わる責任の重い仕事だけでなく、気軽に運営に参加できるような仕事を用意しておき、複数の協力者を積極的に運営に巻き込めるとよいだろう。

実践共同体の育成については第6章で改めて詳しく説明する。

5　実践の内省

最後の要件は「実践の内省」である。実践者自身がワークショップ実践を通して熟達していくためには、個別の実践を丁寧に振り返り、経験としての意味を十分に内省する必要がある。

(1) 短期的な内省

まず、実践ごとに毎回、振り返りの時間を取ることは重要である。ファシリテーションをはじめ、当日の運営は即興的な要素が強い。どのような出来事に対してどのような対応をしたのか、実践中はスタッフも夢中であること

Chap.
1

Chap.
2

Chap.
3

Chap.
4

Chap.
5

Chap.
6

が多いため、振り返りをしないと忘れてしまう場合がある。できれば実践が終わったら、その日のうちに反省会を開き、うまくいった点や改善すべき点について振り返りをし、コミュニティ内で共有しておくとよいだろう。

（2）長期的な内省

　また、単発の実践の内省だけでなく、長期的な内省も重要である。長期的な内省とは、実践の内容の善し悪しだけでなく、実践者のキャリアにおいて個別の実践がどのような意味を持っているのか、実践者の熟達の観点から経験を振り返ることである。実践者の熟達過程については第5章で詳しく述べるが、例えば、今まで対象としてこなかった参加者に実践した場合や、異分野の実践者と協働で実践をした場合は、実践者としての成長の契機になることが多い。

　定期的に過去の実践を振り返り、それぞれの実践が実践者にとってどのような意味があったのかを振り返り、コミュニティ内で共有する時間を確保したい。

Chap.
1

Chap.
2

Chap.
3

Chap.
4

Chap.
5

Chap.
6

第4章
Chapter 4

ワークショップを評価する

✤本章の概要✤

ワークショップにおいて評価を実践者自身が主体的に導入することは企画・運営の改善につながり、人材育成にも有用である。本章では、まずワークショップの評価に必要な視点を整理する。次に、総括的評価と形成的評価について事例を交えて紹介する。最後に、ワークショップデザインの評価に向けて援用できる他分野での知見を整理し、新しい提案を行う。

Section 1	「ワークショップ評価」に必要な視点

1 「プログラム評価」からの示唆

　評価とは、その単語が示す通り「価値を評すること」である。これをそのままワークショップに当てはめると、ワークショップの評価は「ワークショ

ップの価値を評すること」となる。しかし、ワークショップのプログラムでは、フォーマル学習に比べ、明確で厳密なゴールが設定されていない。そのため、参加者のニーズやレディネスによって多様な学習過程が許容されており、プログラム全体としての目標値が存在しないこともある。その際に必要となるのは、目標値という狭義の基準ではなく、より広義な評価基準である。

　プログラム評価における学術的な定義として、シカゴ大学の哲学者スクリヴェン（1991）は次のような定義をしている。

> 評価とは、物事の価値を判断するプロセス、またはそのプロセスの結果生じる生産物である。

　この定義では、プログラムの「価値」について重きを置いている。評価とは英語では"Evaluation"であり、語の中に「価値」を意味する"Value"が含まれている。「価値」の問題抜きに評価について語れない（安田 2011）。

　では、価値とは何であろうか。スクリヴェンは、価値を下の3つの種類に分別している。

価値（Value）の3つの種類
本質（Merit）、値打ち（Worth）、意義（Significance）

　スクリヴェンの言う3種類の「価値」について深く理解するため、佐々木（2010）の解説を紹介したい。まず、具体的な事例として「発展途上国Xにおける初等教育の質が低い」という問題を仮定する。そして、それを改善することを目的とした事業が実施されたとする。

Chap.
1

Chap.
2

Chap.
3

Chap.
4

Chap.
5

Chap.
6

　第一に挙げた「本質（Merit）」とは、ものごとが持つ生来的な価値のことを指す。「本質」は初等教育の質がどれだけ高まったかに対し、「たいへん良い／良い／どちらでもない／悪い／たいへん悪い」といった価値判断がなされる。

　第二の、「値打ち（Worth）」とは、外的な環境や外的な要因を加味した価値のことである。「本質」を明らかにした後、価格や費用や収益などの外的な要因と関連づけて表現される。初等教育改善事業であれば、投入された事業費に対し明らかにされた本質を比較して、「（事業費を投入するに値する）たいへんな値打ちがある／値打ちがある／どちらでもない／値打ちがない／全く値打ちがない」といった結論を考えることになる。

　最後が、ものごとの「意義（Significance）」である。これはものごとの社会的な位置づけに関する価値のことである。革新的な事業手法や事業計画であれば、今後長期的に参照されて再利用される可能性が高い。また、地域や国を越えた利用もあり得る。時間的・空間的な文脈を越え、今後参照されるべき優良な事例だと考えられる場合、「たいへん重要である／重要である／どちらとも言えない／重要ではない／全く重要ではない」という結論が述べられる。ただし、「意義」については時間がかなり経過してから明らかになる場合も多い。

　ワークショップデザインの評価を考える際、その価値を一元化することは難しいが、それは価値判断が不要ということではない。その意味において、スクリヴェンの指摘する3つの価値は示唆に富むものだと考えられる。ワークショップにおける参加者・実践者の学習とは、実践の最中だけではなく、実践後の日常生活においても継続している。ワークショップ実践の意義は、顕在化した問題への解決方略としてではなく、社会に対する長期的影響を考えて位置づけられ解釈されるべきであろう。

Chap.
1

Chap.
2

Chap.
3

Chap.
4

Chap.
5

Chap.
6

2 「教育評価」からの示唆

「ワークショップの正しい評価方法とは何か」と質問されることがある。これについては、正しい唯一の評価方法はない、と答えるしかない。誰が何のために、何をどのように評価するかによって方法は異なるからである。ワークショップの企画・運営に対して評価を主体的に導入すれば、デザインの改善に活かすことができる。ワークショップの評価には、建設的な議論を共有する足場となり、ひいては実践者の育成にも有用だと考えられる。

先述したプログラム評価研究では、その対象に大規模な事業の事例も多く、評価には定量データが用いられる。しかし、ワークショップは少人数を対象として実践されることが多いため、定性的な評価も積極的に採用していく必要がある。ノンフォーマル学習への評価方法を具体的に考えるため、フォーマル学習を対象とし発展してきた教育評価研究の動向を参照する。

(1) 教育評価とは何か

教育評価とは、従来、子供にどの段階から学習を始めさせればよいのかということの決定や、教育プログラムの成果があったかを確認するという目的で行われてきた。だが、現在ではこの言葉が広義に用いられることが多く、教育活動に直接的あるいは間接的に関連した各種の実態把握と価値判断の全てが含まれると考えてよいという（梶田 2010）。したがって、現在の教育評価の視点には、学習者の実態に関する評価だけでなく、教育活動のあり方や教師の諸特性、また個々の教育機関（幼稚園や小・中・高校、大学など）のあり方や、教育環境の適切性、さらには、カリキュラムや教材の有効適切性、教育の組織・運営のあり方、などを問題とするものも含まれることになる。

しかしながら、教育評価の中核はあくまでも、教育活動と直接的な関連を

持つものである。このような教育評価は、現実の教育活動の中において、実に多様な形態のもとに行われている。はっきりした形をとった評価活動としては、日常のテストや定期試験、標準検査等の施行、それに通知表や指導要録への記入、などがある。しかしそれだけでなく、叱ったり褒めたりするとか、学習者の態度や顔つきを見るとか、教師たちの間で意見を交換するといった形のない評価活動も、教育評価として重要な意味を持つものである。

(2) 教育評価の特性とワークショップ評価

　教育評価は、梶田（2010）によれば、その性格から4つの類型に整理することができる（**表4-1**）。各種の評価が同じように「評価」という言葉で呼ばれているにしても、その具体的内容は、実態把握的性格の強いものから査定的な性格のものまで様々である。ワークショップの評価についても、「評価」の持つ基本的性格を整理して考えることによって、議論のすれ違いを防ぐことができるだろう。

　①は「実態把握」的な性格を持つものである。これは、情報の次元性や目標に達しているかの吟味、あるいは対象自体の持つ価値について必ずしもこ

表4-1：教育評価の持つ基本的性格の型（梶田 2010から筆者作成）

教育評価の持つ基本的性格の型	
①「実態把握」的な性格	問題となる領域あるいは側面に関してできるだけ多くの情報を集めようというもの。
②「測定」的な性格	学習者の諸特性を何らかの次元上において数値的に表示しようとするもの。個々の学習者を各特性次元上に位置づけようというもの。
③「目標到達性の把握」といった性格	特定の教育目標あるいは教授・学習目標群を、それぞれの学習者がどのように達成しているか表示しようというもの。
④「査定」的な性格	学習者の現状について、何らかの基準に基づき、その価値を妥当な形で値踏み、あるいは表示しようとするもの。

Chap. 1
Chap. 2
Chap. 3
Chap. 4
Chap. 5
Chap. 6

だわらない。ワークショップは参加者の主観的世界や個別の学習体験を重視するので、実践者が「ワークショップの評価」といった場合、「実態把握」的な性格を持つものが多いと考えられる。

②の「測定」的な性格を持つものの基盤にあるのは、何かの指標を持って全体の中で個人を位置づける考え方である。よって、ワークショップの特性とは相容れず、この評価は用いられない。

③は「目標到達性の把握」という性格を持つものである。これは「学習を目的とした」ワークショップに対してであれば、明示された学習目標に対応し、導入することができる。この考え方を取り入れることで、現場に立ち会わなかった人にもそこでの学習について説明がしやすくなるであろう。さらに、何をどのように学ぶことができたのかを知ることができれば、参加者自身の満足度向上にもつながる。

④の「査定的」な性格の評価は、ワークショップの場合、参加者と実践者の間にある問題ではない。むしろ、その実践を実施できるようにするための環境整備のために必要だと考えられる。ワークショップは参加者と実践者だけで構成されているのではなく、それを可能にしている仕組みというものが存在している。実践者は継続的な実践を重ねるために、ときとして外部への説明責任を負うことがある。その際、④が必要になる場合がある。

(3) 評価の位置と役割

梶田 (2010) によれば、ある活動一般に関連して評価が必要とされる場合は、理論上、以下の4種がある。

① 活動の開始以前に行う評価で、その活動の企画を最も適切なものとするために必要なもの

②活動の途上において行う評価で、その活動を最も効果的なものとするよう活動自体の軌道修正をするために必要なもの

③活動が一段落した時点で行う評価で、その活動の成果を把握するために必要なもの

④活動の外側から行う評価で、その活動のあり方を客観的に吟味し、改善を加えるために必要なもの

ワークショップに関しても上記の4種で考えていくことができる。従来の教育活動の評価において最も重視されてきたのは③、すなわち、教育成果を把握するための評価であった。しかし、ワークショップはノンフォーマル学習の実践であり、実践の置かれる文脈は多様である。よって、参加者における学習成果に対する評価のみならず、他の3種の評価もそれぞれ重視されるとよいだろう。

③の評価が「総括的評価（summative evaluation）」と呼ばれるのに対し、①の活動前の評価は「事前的評価」あるいは「診断的評価」、また②の活動途上における評価は「形成的評価（formative evaluation）」と呼ばれる。さらに、④の、外部から活動の過程や成果や規定条件を吟味するといった評価は「外在的評価」と呼ばれる。

①に該当する「事前的評価」あるいは「診断的評価」は、まだワークショップ実践の評価において取り組みが見られない。今後継続的に実践を行っていく事例が増えた場合、検討されるべき視点であろう。

②の形成的評価、ならびに③の総括的評価については2節において、事例に即して解説する。

④「調査・研究」のための評価は「外在的評価」の形態をとってなされる場合が多いが、他の形の評価をこの目的のために用いることも可能である。

Chap. 1
Chap. 2
Chap. 3
Chap. 4
Chap. 5
Chap. 6

その場合、研究者は実践者に対してスーパーバイザーとしての役割を果たすことになる。実践者と研究者との協働が実現すれば、プログラムデザインに対して多視点による検討と迅速なフィードバックが果たせる。

3　ワークショップにおける「学習評価」

（1）学習目標の「明示」と「非明示」

　「創りながら学ぶ活動」としてワークショップをとらえる場合、その学習評価を考える上で、そこで生起することが予想されている学習とはどのようなものなのかを整理する必要がある。本書では、ワークショップにおける学習目標のあり方について、参加者に対して「明示された学習目標」と「明示されない学習目標」に大別することを提案する。

　「明示された学習目標」とは、学習目標が参加者に対して明示されているワークショップが存在することを表す。例えば、ライティング（Writing）ワークショップ、DTP（Desktop Publishing）編集ワークショップ、などが挙げられるだろう。それらは一方向性の教授ではない経験学習の活動であるが、学習目的はタイトル等告知段階で明示されていることが特徴である。すなわち、このタイプのワークショップの学習目標は、「実践者にも参加者にも」理解されている。形式は「実習」に非常に近いと考えられる。

　一方で、学習目標が参加者に対して明示されていないワークショップも存在する。これが「明示されない学習目標」である。例えば、コミュニケーション能力を養うことや、コラボレーションを経験することを目的としているものである。これらのワークショップは例えば「協働での作品制作」や「新しいカフェスペースのデザイン」を行うものとして告示され、参加者には学習目標は明示されないが、実践者は学習目標を意識してワークショップデザ

インを行っている。これらのワークショップでは、活動の中で学習目標に合った経験ができるようにデザインされている。

　ワークショップにおける参加者の学習経験は、学習者個々人によって異なる。これはワークショップに限ったことでは本来ないのだが、ワークショップは学習目標が明示的でない場合も多いため、授業や研修よりも学習における社会的構成主義の側面が重視される傾向にある。

　ワークショップでは、参加者によって実際に行われる相互作用の内実が変わるため、具体性の高い学習目標を設定することができない。そのため、抽象度の高い学習目標のみが設定されることとなる。このような特徴を持つワークショップに対して教育評価を行う場合、質的データを用いて活動中の相互作用や発話の分析を行うことが有効である。

Chap. 1

Chap. 2

Chap. 3

Chap. 4

Chap. 5

Chap. 6

(2)　予期されていなかった学習

　ワークショップ評価を考える際、企画者が意図した目標に対してのみ評価するのでは十分とは言えない。ワークショップのような活動に対して学習評価を考える場合、「予期されていなかった学習」も、評価の対象として扱っていくことが重要である。

　ワークショップはプログラムが実践者によってデザインされているが、そこで起きている学習は「状況に埋め込まれた学習」でもある。ノンフォーマル学習であるワークショップにおいて参加者は参加を強制されない。つまり、ワークショップの前提にある学習とは「参加することそのもの」だと言える。参加のあり方の多様性が許容されていることが、ワークショップデザインの重要点だと考えられる。

　参考になる視点に、「羅生門的アプローチ」という考え方がある。これは、『カリキュラム開発の課題──カリキュラム開発に関する国際セミナー報告

Chap.
1

Chap.
2

Chap.
3

Chap.
4

Chap.
5

Chap.
6

書』の中でアトキンによって言及されているものである。アトキンによれば、学習活動とは、（1）教師の意図的な計画化・組織化に基づく「工学的アプローチ」、（2）子どもの自発的な活動展開に基づく「羅生門的アプローチ」の2つに大別されるという。ここでの「羅生門的アプローチ」とは芥川龍之介の『藪の中』という作品を映画にして国際的な評価を得た黒澤明監督の『羅生門』という作品にちなんで名づけられている。この作品は、登場人物によって視点を変えると、眼の前に起きている出来事が見えてくるということを描き出した作品である。つまり、「羅生門的アプローチ」という言葉は、1つの決まった視点・規準によってではなく、学習活動の実態に基づいて多面的な見方をする評価方法、ならびに最初の予定にとらわれていない教授方法・学習活動を指して使われている。学習プログラムの設計が「工学的アプローチ」で行われた場合、その評価も、客観性、妥当性、信頼性が要請される。そのため、行動目標に達する到達度を、順序尺度、間隔尺度、比例尺度のいずれかを用いて、客観的に測定し、序列化、数値化、数量化することにより評価が行われてきた。

　一方、「羅生門的アプローチ」の典型的な手続きは、一般目標の設定から始まる点は「工学的アプローチ」と同様である。しかし次に特殊目標へ分節化するのではなく、「専門家としての教師」の経験ならび技術・技能を生かして、創造的教授・学習活動へと移行していく。そして当初に設定した一般目標に関わる側面に限定せずに、その活動によってひき起こされた全ての事象を観察し記録する。評価はその記録に基づき、全ての事象を対象に「目標にとらわれない評価」がなされる。したがって「事例・個別研究」が重視され、多面的な観察によるあらゆる事象が評価活動として受容される。その効果は創造的教授・学習活動にフィードバックされ、無限の側面を有する。

　このように2つのアプローチ方法には、学習の構成要素および、指導・教

授の過程において大きな違いが存在する。「工学的アプローチ」は、従来の教師主導の教科学習で採用されてきた方法である。この場合、想定される評価対象は受動的学習者である。

　ワークショップは、参加者が自らの興味関心に基づき主体的に学習を進める活動である。また、ワークショップは参加者と実践者が対等な関係を築くことを目指すので、参加者だけではなくワークショップ実践者もまた、その活動において学習者である。そのため、評価も、学習者の個別性に寄り添って考えられるべきである。工学的アプローチのみで考える場合、学習プロセスが定式化されることにより、子どもの主体的、創造的追求活動の限界があった。それに対し、ワークショップでは、参加者の主体的、創造的探究活動を支える、自由な精神活動が保証されている。ワークショップデザインは「工学的アプローチ」だけではなく「羅生門的アプローチ」によってもとらえられる必要があるだろう。

　実践者はワークショップデザインをする際に活動内容を想定するが、参加者の学習過程を全て想定できるわけではない。実践者の企画した内容と参加者の学習内容との間に生じる差異をいかに記述していくかという点でも、事例の個別性を重視した質的データに基づく学習評価が必要である。

Section 2 ｜ 2つの評価

　これまでの視点を踏まえ、本節では、ワークショップについて、その企画・運営を評価する方法として「総括的評価」と「形成的評価」について事例を交えながら説明する。

1 総括的評価

Chap. 1

Chap. 2

Chap. 3

Chap. 4

Chap. 5

Chap. 6

　総括的評価とは、プログラムの終了後に目標がどの程度達成されたかを総括的に判定し評価するものであり、アウトカム評価と呼ばれることもある。例えば、学校教育における「授業」や学校外教育である「研修」といった学習プログラムの形式では、受講者である各学習者の成績決定に使われることもある。ワークショップの場合、（1）説明責任、（2）価値判断、のどちらかの目的で行われる。前者は、主にクライアントへ報告する場合である。後者は、実施した結果を広報し、その意義を社会に認めてもらうように働きかける場合である。両者において、あくまでも判断されるのは、プログラムが実践者の目的に合致する形で実践できたかどうか、である。

　ワークショップでは、実践者は参加者の学習目標を一義に決定しない。そのため、ワークショップの実践者は参加者に対して成績をつけることはしない。これはフォーマル学習とワークショップとの決定的な差異である。

　一方、ワークショップデザインにも、実践者がデザインする中で決めている、大まかな方向性は存在する。実践者の意図通りにデザインできたかを検討することは、今後の継続的な実践活動のために必要である。さらに、実践者が何らかの依頼や社会的ニーズに応えるべく設計されていた場合、それに対するクライアントやステークホルダーへの説明責任がある。

　ワークショップデザインは実践者個人だけで完結するものではなく、社会的に構成されている活動である。その点でも、実践者自身の満足や、参加者個人のメリットを越え、多角的なデータ収集と考察からなる総括的評価が重要なのである。

　総括的評価がどのように行われるのかについて、「アンプラグドケータイワークショップ」を題材に考えたい。

Chap.
1

Chap.
2

Chap.
3

Chap.
4

Chap.
5

Chap.
6

事例1

アンプラグドケータイワークショップ

　この実践は、東京大学とKDDI 研究所との共同研究の一環として企画・運営・評価されたものである。普段とは異なる切り口から新しい携帯電話のサービスを考えることを目的としてワークショップが企画された。この実践における「クライアント」は、「KDDI 研究所」である。依頼を受けた「東京大学」の研究チームは、実践の企画・運営を行うチーム（実践チーム）と、その過程を記録・観察し総括的評価を行うチーム（評価チーム）とに分かれていた。

　評価チームは、ワークショップ実践経験が豊富な研究者と心理学研究に従事する研究者で構成されていた。評価チームと実践チームは、月1〜2回程度の対面ミーティングおよびメールなどの連絡を通じ、企画過程を把握していた。しかし、企画そのものには干渉せず、実践の趣旨に合ったデータ取得の方法を検討し、そのデータ取得方法を事前に試し、本番に臨んだ。

　当日の活動は全てビデオカメラで記録するとともに、参加者全員に個別にIC レコーダーをつけてもらい発話を録音した。このワークショップの場合、参加者の生成するアイデアそのものやそこでできた成果物を事前に予想することはできない。しかし、このワークショップでは、新しいケータイサービスの創発と、技術者の発想スタイルの変化を目的として実践がなされていた。前者に関しては、1回のワークショップの中でできる目標よりも大きな目標である。そこで、総括的評価としては、後者である技術者の発想スタイルの変移はどの程度促されたのかについて、事前・事後の質問紙調査を行っている（**図4-1**）。さらに、実践中、ディスカッションにおける発話データ、振り返りにおける発話データにより、個々の参加者の学習の過程を多角的に追跡することで、デザインが目的通り実施できたかを確認している。なお、この実践で、企画者の意図した学習目標は参加者へは事前に明示されていない。

その結果、「アンプラグドケータイワークショップ」への参加を通して技術者は実際に新しいアイデア生成が起こった現場を共有し、ボトムアップ的な発想スタイルへの価値を見い出すようになったことが示唆された。

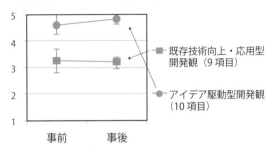

図4-1：参加者の発想スタイルにおける変容

　企画時に実践者が決めた学習目標は存在しているため、その目標が達成されたのかを事前・事後で判断することが必要となる。このような実践におけるプログラムの総括的評価は、実践者の当初に決めた学習目標に準ずる学習が活動の中で個々の参加者に生起したかを、多角的なデータから明らかにすることによって可能になる。

　通常の実践では、適切なスーパーバイザーがいない場合やコアメンバーが少ない場合もある。多角的なデータ取得や厳密な形での総括的評価をすることは難しい場合もあるだろう。しかしながら、実践活動を持続的に運営していくためには、そのワークショップが実践される社会的意義を主張しなければならない場面も出てくる。どのように記述をすれば他者にその過程や成果を伝えやすいか、それについて考え学ぶことは、今後ワークショップ実践者にとって重要な課題となってくるはずである。

2 形成的評価

Chap.
1

Chap.
2

Chap.
3

Chap.
4

Chap.
5

Chap.
6

ワークショップの評価とは、総じて、実践のさらなる改善に向けて行われるものである。つまり、評価を行うことは、参加者の学習を支えるとともに、実践者にとっても真正な学習の機会となる。特に結果ではなく過程に対し行う評価に、形成的評価というアプローチがある。

形成的評価は、プログラム実施後まもない、あるいは、途上の企画に対して企画・運営・評価の1サイクルを通じて検討されるものであり、プログラムの安定化およびプログラムの改善・発展につなげようという目的を持つ評価法である。なお、形成的評価という言葉を初めて用いたのは、スクリヴェンである。

評価をすることにより、私たちは現行の活動がどのくらいうまくいっているかを知ることができる。また、評価の結果は活動の方針に対して調整が必要かどうかを判断する材料となる。

評価の結果を参加者やスタッフにフィードバックし、参加者やスタッフが学習者としてよりよく学べるようにすることも重要である。すなわち、ワークショップの評価は、その活動に参画する全ての人にとっての学習支援とも考えられる。「ワークショップデザイン」には試行錯誤がある。テーマに沿ったコンセプトを立て細部を決定していく上で、ワークショップの実践者は準備段階で様々な細かい検討と企画の修正を行う。第2章でも言及されていたように、机上での企画では十分でないため、多くの企画者はプレ実践を行い、その中での出来事を省察しプログラムに反映させる。また、実践当日の中でも、実践者は参加者の様子を見て即時的な意思決定を行いつつ運営を行う。これらの企画・運営におけるプロセスは形成的評価と言える。形成的評価と総括的評価という両輪でワークショップの評価を行っていくことで、ワ

Chap.
1

Chap.
2

Chap.
3

Chap.
4

Chap.
5

Chap.
6

ークショップ実践者は、実践記録を通じ、交流し学び合うことができる。評価活動は、実践者同士の成長にも寄与するのである。

　形成的評価がどのように行われるのかについて、第3章で扱ったCAMPクリケットワークショップの事例をもとに考えたい。

事例2

CAMP クリケットワークショップ

　CAMPでは2001年の大川センター設立以来、小中学生対象のワークショップが実施されている。その設立時のスタッフにMITメディアラボと関わりの深かった者もおり、初期より、MITで開発されたマイクロコンピュータ「クリケット」を用いたワークショップが行われていた。「クリケット」の特徴を活かし、少数の子ども（20人程度）を集めた実践が企業の社会貢献活動として繰り返し行われていく中で、実践開始から半年ほどで、プログラムとして形が固まったという。

　通常、CAMPのワークショップにおいては、スタッフ内で企画原案を出し、その後スタッフ内（これまでのスタッフ総数はメンバーの変動はあるが4人程である）で、メインアクティビティのみを体験してみることにしている。これは第2章で重要だと指摘した「プレ実践」にあたる。通常、単発のワークショップ実践であれば、企画立案からプレ実践を経て本実践、という流れで進行されると理解すればよい。第4章ではその後のことを扱う。すなわち、1回目の本実践を終えてからのことである。

　チームの1人がゆるやかな学習目標を決め、原案を決定するところから企画が始まる。この段階では各メンバーのこれまで経験してきた学習体験が参考にされる。その上で原案ができ、企画、企画決定、実践が複数回行われる。この部分が先ほど解説した「形成的評価」にあたる。

　CAMPでは、5〜10回の「本実践」を行う。この間は必ず企画立案者がファシリテーションにおいてチーフを務めることになっている。チーフは当日の司会進行を行うとともに、俯瞰的に実践を運営する立場である

ので、企画がパッケージ化するまではこのような体制がとられているようである。スタッフで終了後に「反省会」を行ってプログラムの改善を行っていくのが通例だという。反省会では、毎回ワークショップに関わったスタッフが全員1人ずつ、「リフレクションシート」というシートにまず単独で記述を行う。リフレクションシートは、現在、チーフファシリテーターに40設問、フロアファシリテーターに30設問が用意されている。内容は、学習者の学習状況を評価するものではなく、ファシリテーターがすべきことや目指すべき方向性をどの程度達成できたと考えるかに関する自己評価を5段階でつけるものである。

　反省会では、リフレクションシート記入の後、そこに書いた内容を共有する形で、開始から終了までの活動フェーズごとに、様子を話し合う。この段階で、自分たちのファシリテーションにおける課題が見えてくることもあれば、プログラムの改善点が見つかることもあるのだ。例えば、この段階で、子どもがワークシートを書きにくそうにしていた、という事例が報告されれば、企画した人はそれを次回までに改良する。つまり、スタッフの反省会は、スタッフ間における評価のシステムを通じ、プログラム改善につながっているのである。この一連のサイクルが、「形成的評価」である。

　実践者は「形成的評価」を通じてプログラムデザインを改善するとともに、自身の活動を内省する。評価はワークショップデザインのためだけではなく、実践者が継続的に学ぶためにも重要な機能を果たしているのである。CAMPの事例で言えば、実践のデザインが整い、「CAMPACO（キャンパコ）」としてパッケージ化されていくために、平行してファシリテーションの指針を議論し、マニュアルを作成することも行っている（**図4-2, 4-3**）。

　CAMPACOは、全国各地でCAMPワークショップを開催できるように開発されたものである。CAMPのコンセプトブック、ワークショップに関するノウハウをまとめたマニュアル、各ワークショップ用の道具や書類、ワークショップの紹介映像などが入っている。CAMPワークショップを

初めて実施する場合は、CAMPACOの貸し出しとあわせて、CAMP側で用意されているファシリテーター育成プログラムを受講することが義務づけられている。

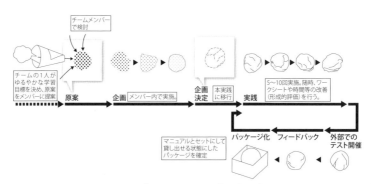

チームメンバー
で検討

チームの1人が
ゆるやかな学習
目標を決め、原案
をメンバーに提案

原案　企画 メンバー内で実施。　企画
決定 本実践
に移行　実践

5〜10回実施。随時、ワー
クシートや時間等の改善
（形成的評価）を行う。

マニュアルとセットにして
貸し出せる状態にした
パッケージを確定

パッケージ化　フィードバック　外部での
テスト開催

図 4 - 2：「CAMPACO」ができるまで

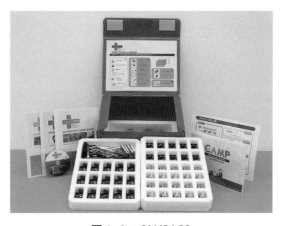

図 4 - 3：CAMPACO

一般的にも、ワークショップのプログラムはパッケージ化される際、ツールだけでの普及は難しい。よって、プログラムデザインが精緻化されツールが整備されていく過程において、何らかの人材育成プログラムも並行で検討されていくことが多い。

Section **3**	「ワークショップ評価」のための手法

総括的評価および形成的評価を行う上で、具体的にどのような方法があるだろうか。本節では、2つの観点で「ワークショップ評価」のための手法を考える。

まず、第一に、経験カリキュラムに対する新しい評価手法である。本書で扱う「ワークショップ」は、明示的な場合・非明示的な場合があるものの、何らかの学習目的を意識し設計がなされるプログラムである。そこで、評価について考える際の参考として教育評価における新しい評価手法を、ワークショップ実践に照らし合わせながらいくつか取り上げる。

第二に、ワークショップ実践者が目的として意識していない「予期されていなかった学習」をどう評価に組み入れるかについて創造性や芸術領域における評価の議論に触れながら検討する（**図4-4**）。これにより、「予期されていなかった学習」の部分を「ワークショップデザイン」に反映させるために必要なことは何かを探る。

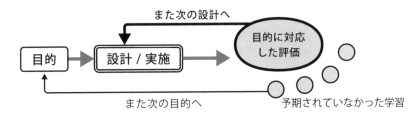

Chap.
1

Chap.
2

Chap.
3

Chap.
4

Chap.
5

Chap.
6

図4-4：ワークショップデザインと学習評価

1　経験カリキュラムと学習評価

　20世紀初頭、より客観的かつ科学的な学習評価を求めた「教育測定運動」が巻き起こった。この流れは最終的に「標準化テスト」の開発へと向かった。これが学習評価における「絶対評価」から「相対評価」への転換である。その後、科学的テストを研究する分野としてテスト理論の分野が確立されていった。テスト理論では、テストの良さの指標として、妥当性と信頼性が提案されている。

　しかし、その後、認知革命やブルームによる教育目標分類学の研究に触発されて、現場の中から教育目標の明確化やその目標に基づいた「診断的評価」が実施されるようになってきた。その結果、経験カリキュラムにおける学習評価に対し、標準化テストに代替する多くの新しい評価手法が生み出されてきた。

　日本のフォーマル学習においても「診断的評価」への気運が高まっている。1980年の文部省小中学校指導要録の改訂では「観点別学習状況」という形で導入され、1991年の改訂ではそちらに重点を移し、2001年の改訂ではついに相対的評価は廃止された。新しい学習評価の特徴として、能力を一次元尺度により測定する評価から、学習者が何がわかっていて何がわかっていないか、

どこで行き詰まっているのかなどを診断できる「診断的評価」や、教育活動自身の改善に用いられる形成的評価への変化などが挙げられる。

（1）真正の評価

　認知革命以前の学習評価は、知識伝達の成果を測るための教育評価と不可分な関係にあった。しかし、学習活動をより「真正なもの」へと変えていく必要があるという主張とともに、学習評価も真正であるべきとする意見が出てきた。この考え方が「真正の評価」である。

　その背景には、構成主義的な学習観へのシフトがある。これは、知識とは受動的に伝達されるのではなく主体によって構成されるものだ、とする考え方である。すなわち、「知」とは個人の頭に貯めこむものではなく、自分にまわりにある人や物との関わりの中で構築していくものだとされる。この学習観に立てば、標準テストで出題される再生法や再認法のような問題を解いただけではその物事を理解しているとは言えない。まさに「知」が実際の文脈で働いている諸相をとらえることによって、その物事への理解度が明確になる。

　学習目標が明示的なワークショップにおいて、その学習目標が達成されたかの評価を検討する必要がある。その際、個々の参加者の学習行為を取り出して収集・記録するのでは評価として十分でない場合がある。文脈を大切にし、分厚い記述をしていくことが重要である。

（2）ポートフォリオ

　「真正な評価」においては、学習活動のプロセスを通した継続的な学習成果物や学習履歴データ等の記録を重視し、これらを用いて学習者のパフォーマンスを評価する。ポートフォリオを用いた評価は、真生な評価には必須の

ものとなってきている。

　学習活動の過程で産出される様々な学習成果物の集積をポートフォリオと呼び、それを利用して行うのが「ポートフォリオ評価」である。ポートフォリオとは、その語源は書類入れやファイルを意味する。

　フォーマル学習におけるポートフォリオ評価は、1学期〜1年という長期にわたって学習者の学習成果物を収集してポートフォリオをつくることによってなされる。学習成果物は、ワークシート、レポート、絵、資料、下書き、プログラムなど学習の過程で生み出されるもの全てであるが、実際に何を集めるかは、目的に応じて選択されている。ときには、学習者にポートフォリオを系統的に並べ替えさせたり、取捨選択させたり、自己評価させ、自分の学習の過程を振り返る機会を設けることがある。さらに、カリキュラムの節目には、ポートフォリオ検討会が開かれ、学習者が自分の作成したポートフォリオについて教師や他の学習者と話し合う場合もある。このような検討会では、「どのようなポートフォリオ作品が良いものなのか」「どのような学習が求められているのか」「どのように自己評価すべきなのか」といった点について、教師と学習者とで意見が交わされる。

　ポートフォリオ評価に相互評価が加わることにより、より深い学習活動につながる。このような評価手法では評価の当事者が学習者を中心とする学習コミュニティに移行していると考えられる。ポートフォリオ評価は、単なる記録ではなく評価の方法なので、学習の過程で創出されたもの全てを保存するのではなく、ある視点を持って収集すると考えるのが一般的である。これをワークショップ評価の手法として援用するのであれば、ワークショップ実践者が記録を行う際、実践に関連する情報の中で残す意味があるものを選び、参加者自身の目の前でそれを収集することがポイントとなるだろう。

（3）ルーブリック

　ワークショップに援用できる考え方として、1960年代以降に注目された「評価のフィードバック」がある。学習評価と学習支援とを有機的につなぐ仕組みの導入は、様々なテーマのワークショップ実践において親和性があると考えられる。

　すでに多くのワークショップ実践で、記録を活用した学習者・実践者へのフィードバックが行われている。例えば、CAMPの事例で、スタッフは「リフレクションシート」への記入という活動を通じ反省会を行っている（第3章を参照）。リフレクションシートには、「待ち時間に子どもたちとコミュニケーションが取れた」、「傍観者になっていなかった」、「流れ解散になっていなかった」等、40程度の観点が記されており、実践者は自己申告で5段階のどこかにチェックをし、成長の糧としている。

　こういった資料はその後の活動のために実践共同体に蓄積される。ポートフォリオは、ルーブリックと連携して用いられることがある。ルーブリックとは、レベルの目安を数段階に分けて記述して、達成度を判断する基準を示したものである。客観テストによる評価では、知識・理解はそれで判断できたとしても、思考・判断やスキルへの評価は難しい。そこで、「ポートフォリオ評価」では、あらかじめ「評価軸」としてルーブリックを示しておき、「何が評価される事柄なのか」についての情報を共有することがある。

　ワークショップにおいて記録の重要性は言及されているが、その収集された記録をさらに共有し活用できる方法も検討されていくとよいだろう。しかしながら、ルーブリックには、質的なデータを量に変換してしまうという特徴がある。この意味において、ルーブリックはいったん作成すれば万能だというものではない。この評価手法はルーブリックに挙げた基準そのものを批判的に見直す仕組みとともに運用されていくことが必要である。

Chap. 1

Chap. 2

Chap. 3

Chap. 4

Chap. 5

Chap. 6

2　創造性や芸術領域における評価

（1）創造性と創造的思考

　心理学の分野において、創造性についての関心は決して新しいものではない。オリジナリティのある作品を創り出す芸術家や科学者の仕事について、多くの研究者が多様なアプローチを試みてきた。

　創造的な仕事と言っても、様々な規模と種類のものがある。さらに創造性の評価の視点も複数存在する。これらは全て、創造的思考の結果である。しかしながら、創造的思考に費やされる時間は、一瞬の場合もあれば数年を要する場合もある。創造的な仕事には、個人が実施できるものもあれば、複数名での協働の結果という場合もあるだろう。さらに、誰にとって創造的であるかは、文化的背景にも依存する。したがって、それらに対応する創造的思考の特徴もそうした規模や種類や評価の視点と独立に記述するのは難しく思われる。

　小橋康章は『創造的思考と発想支援』の中で、これまでの創造的思考に関する議論が別のタイプの思考と比較対照させることでその意味や意義を明らかにしようとされてきたことを指摘している。例えば、創造的思考は、現実的思考、批判的思考、応用的思考、再生的思考と対置することによって特徴づけられるという。

　応用的思考は、過去の経験の再生によって反応を生成するのに対し、創造的思考は単なる再生ではなく今までとは違った新しい解決案を問題に提出できる。創造的思考と批判的思考は、いわゆる拡散的思考と収束的思考に対応している。

Chap.
1

Chap.
2

Chap.
3

Chap.
4

Chap.
5

Chap.
6

(2) 創造性を測る試み

　拡散的思考と収束的思考とを初めて区別したのは、知的能力モデルを研究した心理学者、ギルフォードである。彼は「煉瓦テスト」という知能テストを行った。これは煉瓦1個の使い道をできる限りたくさん考えるというものである。ギルフォードはテストの結果をもとに因子分析を行い、創造性の因子として次の6つを取り出した。

①問題に対する感受性：問題点を発見する能力
②思考の流暢性：生成するアイデアの量
③思考の柔軟性：異なるアイデアを広範に生成する能力
④独創性：ユニークな答を出す能力
⑤綿密性：具体的に工夫し完成させる能力
⑥再定義：ものを異なる目的に利用できる能力

　さらにギルフォードは、ただ1つの正答を導くような思考である収束的思考と、多くの解決策を発想する拡散的思考を区別した。この成果により、それまでの知能検査では拡散的思考をとらえられないとされていたところから、新しく様々な創造的思考能力の検査が検討され開発されるようになった。アナグラム・テスト、連想語テストなどがあるが、最も代表的なものはギルフォードの考えに基づくトーランスの創造性検査である。
　一方、創造性とは何かという文脈とは別のところで、創造的思考の訓練法は発生している。1930年代以降、米国では技術者や会社員、工業デザイナーなどを対象に、創造性開発の研修が行われた。そのノウハウはわが国にも輸入された。　ブレインストーミング、チェックリスト法といった発想支援技法の多くはこうした教育プログラムと結びついて発展したものである。これ

らの発想支援技法は、研修の中で用いられたのと同種の課題に対しては有効であったが、汎用の創造的思考を支援することはできなかった。ここで、創造性の発揮に関する「領域固有性」という問題が浮上することになる。

(3) 創造活動における過程をどう評価するか

　ワークショップにおける学習は、結果だけでなく過程も評価されるべきである。しかしながら、創造性についてはその結果に関する評価までが長期スパンとなる場合も多く、これまでの創造性測定に関するテストアプローチは、創造的活動のメカニズムまでは解明できていない。既存の方法の援用では、創造性の育成に関して評価方法としては採用するには十分ではないと考えられる。では、ワークショップで起きている創造的な思考活動について、どのように扱っていくことができるだろうか。筆者は、この問題に対し、2つの視点を提示したい。

　第一の視点は、創造的活動を起こす個人の状況を検討するものである。ワラスの『創造的思考の過程』の知見を挙げる。ワラスは、創造の過程には4つの段階があるとしている。

1.準備：自らの知識や技術、論理や推論、情報収集などを通して多くの方向性から課題に取り組む。
2.孵化：考えを中断し、課題から離れる。別のことを考えたり、気分転換したりすることで、考えを寝かせてあたためる。
3.洞察：アイデアが自然に意識に現れる。
4.検証：アイデアの妥当性について論理や推論を用いて検証する。

（Wallas 1926を筆者訳）

Chap.
1

Chap.
2

Chap.
3

Chap.
4

Chap.
5

Chap.
6

　この一連の過程で重要なことは常に事象にこだわるという「根源的固執」の姿勢だと考えられる。創造性そのものではなく、創造的思考が発揮され得る状態を「創造的態度」と考えれば、学習目標としてそれを取り込むことができ、創造的態度に対する評価に取り組める可能性がある。この場合、評価手法としては、先に挙げたルーブリックが活用できるだろう。

　第二の視点は、創造的活動が起きている状況そのものを細分化し、その中で評価を行う視点である。これには、スポーツや芸術の評価に取り入れられている「パフォーマンス評価」が参考になるだろう。パフォーマンス評価とは、「ある特定の文脈のもとで、様々な知識や技能などを用いて行われる人の振る舞いや作品を、直接的に評価する方法」である。ワークショップにおいてこれを用いるのであれば、意味を成す最小の単位まで、活動を分割した上で分厚い記述をすることで、創造活動の過程に迫ることになるだろう。この手法においては一定の分析基準を持つ「鑑識眼」が必要になる。ルーブリックの作成と同様、パフォーマンス評価も万能ではなく、鑑識眼を持つ評価者の育成という課題を伴っている。また、パフォーマンスは複合的なものであるため、これによって明らかにできることは限られている。しかしながら、第一の視点と第二の視点を組み入れることで、ワークショップ評価にさらなる深まりが生まれるのではないだろうか。

Section **4**	**ワークショップデザインの評価に向けて**

　ワークショップの評価には、学習を目的とした活動の立案、遂行、成果に関連した各種の実態把握全てを含む必要がある。したがって、そのような意

Chap.
1

Chap.
2

Chap.
3

Chap.
4

Chap.
5

Chap.
6

表 4-2：ワークショップ評価における評価の対象

評価の対象	ワークショップにおける「評価の対象」	評価をする際の留意点
①学習者個々人	参加者	参加者の行動や状態の把握
②教育活動	ワークショップという活動全体	目的をもって計画された実践がどの程度まで有効であり成功しているか 目的がどの程度事前に明確に設定されているかにも依拠するので注意が必要
③教育内容のあり方を規定しているもの	プログラムの内容、使用した素材や道具運営者としてのワークショップ実践者	ワークショップデザインにおける詳細、組み立てについて、吟味すること 実践者のファシリテーションの方法についての事後検討、空間・人工物・活動・実践者（※選択の余地があるもの）
④学習者個々人の成長発達を潜在的に規定しているもの	学習者集団としての、実践者・参加者（リピーター）の実践共同体	フォーマル学習では「レイテント（潜在的）カリキュラム」「ヒドゥン（隠された）カリキュラム」などと呼ばれてきたもの
⑤物理的社会的な環境条件	基本的施設、地域的環境、ワークショップを実施する空間	施設 地域と活動の関係（※選択の余地がないもの）
⑥教育システム	社会全体における「ワークショップ実践」の位置づけと機能・役割	ノンフォーマルな学習の実践を可能にする社会的文脈

味における評価の対象としては、活動に関連を持つ全てのものが、さらに、学習の成果に何らかの意味で関与するものの全てが挙げられることになる。

　ワークショップは、ノンフォーマル学習であるため、個々の参加者の学習を一次元に記述し相対化することは行わない。また、到達基準も定かでないプログラムデザインも多くあるため、到達度評価という考え方は応用しにくい。そこで、創造性や芸術領域における評価方法を検討しつつ、実践の目的を意識した独自の分類を考えていくとよいだろう。

　梶田（2010）は、教育評価の対象のうち主要なものを、中核的なものから周辺的なものへと6つの水準に整理している。筆者はこの6つの水準を援用

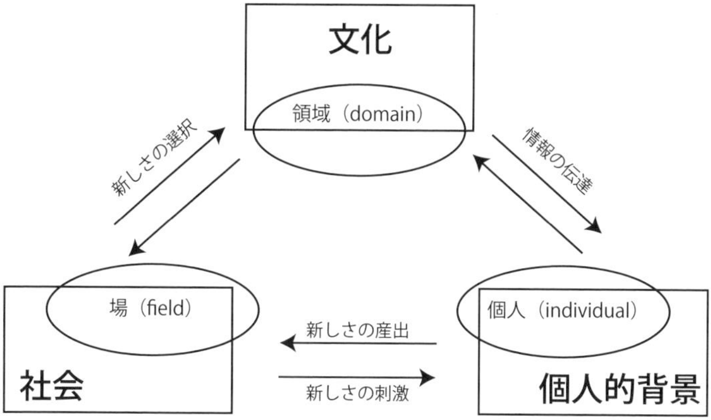

図4-5：チクセントミハイの創造性システムモデル
（Csikszentmihalyi 1999を一部修正）

し、ワークショップの評価の対象となるものを試案し、**表4-2**のようにまとめた。

　創造性や芸術領域における評価についても、ギルフォードのように知能テストで診断するパラダイムから、社会的構成主義的な思想へのシフトがある。例えば、チクセントミハイの創造性システムモデル（**図4-5**）では、個人（individual）、領域（domain）、場（field）が関わり合い、交差するところにおいてのみ、創造のプロセスが観察できると考える。創造性を静的なものと考えずに、個人・領域・場の相互作用の中で、社会的に構築されるものとしてとらえる。チクセントミハイによれば、芸術活動は時代背景、文化特性によってその評価のされ方が変わるという。つまり、社会や文化との相互作用の中で創造性が評価されていくのである。

　ワークショップがノンフォーマルな学習活動であるという特質上、ワークショップデザインの評価を考えるためには、プログラムの「本質」「値打ち」

に留まらず、時空を超えた社会的・文化的「意義」についても考えられる必要がある。そのためには、実践の中で生起する「予期されていなかった学習」を見落とすことがないよう、評価方法の検討と共有がなされることが必須である。

第5章
Chapter 5

ワークショップ実践者を育てる

✥本章の概要✥
ワークショップ実践者が学び育つためにはどうすればよいだろうか。本章では、実践者の育成について熟達化研究をもとに議論する。まず、ワークショップ実践者とはどのような人を指すのかを紹介する。次に、ワークショップ実践者の専門性とは何かを考える。その上で、今後、実践者が学び育つための環境デザインに向けた課題を提起する。

Chap.
1

Chap.
2

Chap.
3

Chap.
4

Chap.
5

Chap.
6

Section **1** | ## 実践者の全体像

1　日本におけるワークショップ実践の普及

「ワークショップ実践者」と一口に言っても、現在の日本には、1970年代から実践を続ける者から始めたばかりの人までいる。加えて、実践の行われ

Chap.
1

Chap.
2

Chap.
3

Chap.
4

Chap.
5

Chap.
6

る領域、活動の目的は多種多様である。しかし、知識を一方的に与え蓄えさせる従来の「知識預金型教育」に対するアンチテーゼとして実践されていることは、ワークショップの根底に共通する。そのため、ワークショップ実践者には、分野を超えて暗黙のうちに共有されてきた意識があると考えられる。従来の専門職における熟達化研究を考慮すれば、実践歴が多い人は回を重ねていく中で、経験の中で学び、暗黙知を獲得している。この点に着眼すると実践者が学び合う環境を考えていく上での手がかりが見つかるだろう。

　そこで本書では、発達の段階として実践歴ごとに初心者・中堅・ベテランという区分を仮設し、それぞれの段階での特徴や発達課題を考えていく。この区分には、エリクソンの「10年ルール」（後述）や教師や看護師といった他の専門職におけるキャリア発達の知見、現場での聞き取りや観察といった調査の結果が反映されている。

ワークショップ実践者の発達段階

初心者　　　実践歴 1 年以上 5 年未満
中堅　　　　実践歴 5 年以上10年未満
ベテラン　　実践歴10年以上

2　ワークショップはどんな人が実践しているのか

　ワークショップを実践する人はどのような人なのだろうか。筆者はワークショップ実践者に質問紙調査を行った（森 2009）。調査の実施は2009年 7 月～ 9 月である。調査の結果として、135名からデータを取得し、実践歴を検討するために必要なデータ（「スタッフとして参加した年」または「企画者として参加した年」）が欠損しているものを除き、120名を分析対象とした。

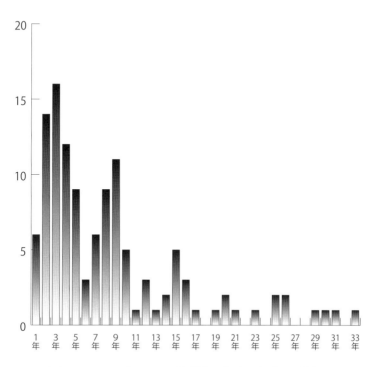

図 5-1：ワークショップ実践者における実践歴の分布

対象者へのアクセスは、スノーボールサンプリングという手法を採用してい
る。分析対象である120名の実践者の実践歴を分布したものが**図 5-1**である。

　調査の結果、実践歴の中央値は6.5年であった。分析対象者の中で実践歴
が一番長い者は、実践33年目であった。これは、日本国内での実践が1970年
代半ばから始まったという文献資料とも符号する。

　実践歴が4年目というところにピークが1つあり、もう1つのピークが10
年目である。即ち、ワークショップ実践者にはこの2つの分厚い実践者の層
が存在している。研究史などとも照らし合わせると、この時代にブームが存

Chap.
1

Chap.
2

Chap.
3

Chap.
4

Chap.
5

Chap.
6

在したことが推察される。

　さらに、実践歴10年を越えた実践者もいることから、実践者について３層でとらえていくことが有効ではないかと考えられる。この３層は異なった実践の文化を形成している可能性があり、実践歴の長い者は、実践開始時の実践者総数が国内で少なかったこともあり、実践者同士お互いを見知り、越境しながら暗黙知を共有していることが見てとれる。

　初心者（48人）、中堅（38人）、ベテラン（34人）の３群で、ワークショップ経験がどのように異なるかを検討すると、実践歴の違いによるワークショップ経験の差異は、役割や立ち位置だけではなく、経験しているジャンルの差もあることがわかった。また、初心者がジャンルをまたいだ活動をしない傾向があることから、現状では、ジャンルを越えた実践者同士の交流は、実践歴が長くなるにつれ現れる特徴だと考えられる。ワークショップ実践者の育成を考えるためには、実践者のワークショップデザインにおける暗黙知を知る必要がある。さらに、それぞれの段階での発達課題を知る必要がある。そこで、次節では、ワークショップデザインの熟達に着眼した筆者の実証研究を紹介し、ベテランになるまでの過程と課題について説明していく。

Section **2** | ワークショップ実践者の熟達

1　ベテランと初心者の違い

　そもそも、ベテランを10年以上と仮定した場合、ベテランと初心者とではどのような違いがあるだろうか。この問いに対し、企画を立てる最初の段階

に焦点を当て、実験的アプローチで検証したのが、『学習を目的としたワークショップのデザインに関する研究』（森 2008）である。

　この研究は、ワークショップの実践歴が10年以上のベテランと、実践歴3年の初心者とでは、ワークショップデザインの過程が異なるか調べたものである。課題としたのは、実際に行われているワークショップ実施の打診をもとに作成した依頼文である。80分の中で企画の最初の段階を1人で行い、「タイムスケジュール」と「コンセプト及び活動案」を作成することが依頼内容となっている。課題文には、仮想の依頼者から、ワークショップデザインに対していくつかの条件が埋め込まれている。それをいかに読み解き、整理し、ワークショップデザインを行っていくかという思考過程を追うのがこの実験で行ったことである。

　この研究では、ワークショップをデザインする実践者として広く知られるベテラン2名（X、Y）と、そのベテランを中心とした実践共同体に属する初心者各1名（A、B）の、計4名に実験の協力を得ている。

Chap.
1

Chap.
2

Chap.
3

Chap.
4

Chap.
5

Chap.
6

> ベテランX：実践歴26年目。アメリカで「セサミストリート」の制作現場を見たことに刺激を受け、帰国後、国内外でワークショップを実践。学習環境デザインとメディア教育に関する実験的なワークショップを子ども向け・大人向けともに数多く実践している。また、ワークショップ実践専用のスペースの設計も行っている。
>
> 初心者A：実践歴3年目。ベテランXの実践集団に参画しつつも、その他の団体でも子ども向けワークショップでボランティアスタッフとして積極的に運営経験を積んでいる。しかしながら、ワークショップデザインにおいて、企画の初期段階を単独で行った経験はない。

Chap. 1

Chap. 2

Chap. 3

Chap. 4

Chap. 5

Chap. 6

> ベテランY：実践歴10年目。大学にて授業を担当する際、教材づくりを学生とすることで授業自体の質が変化したという経験が起点となり、人と物とのインタラクションを重視した新しい創造的な学びの場「Playshop」として、ワークショップを学内・学外にて多数実践している。
> 初心者B：実践歴3年目。ベテランYの実践集団に参加し、学内・学外において数々のワークショップ実践に関与して3年目になるが、ワークショップデザインにおいて、企画の初期段階を単独で行った経験はない。

　この研究では、左室に実験協力者、右室に実験者がいる。実験協力者には発話思考法という手法で、実験時の思考過程を独り言として発話してもらい、実験協力者の様子はビデオカメラで撮影し、別室の実験者のコンピュータに映るようにケーブルでつなぎモニター可能にした。「独り言の発話データを採取する」という方法を用いている。実際の現場では、企画について1人で行う場合と、複数で企画を行う場合とがある。しかしながら協働で企画する際も最初の段階は1人で行われることが多い。これを任されることによって、ワークショップ実践者は1人前の実践者になっていく、という言い方もできそうである。

　この課題を行っていく中で、第3章にも書かれている通り、ワークショップデザインではコンセプトの決定が行われるという特徴が見られた。その一方、初心者は、コンセプトを決めることができず、つくっては壊し、最後まで活動のフェーズを通して決めることができなかったのである。ベテランの企画時の思考過程には、以下の5つの特徴がある。

①ベテラン実践者は、依頼内容に関して幅広く確認を行い、それらをデザインに反映させていた。
②ベテランはデザインの仮枠としてのデザインモデルを持っていた。

③ベテランは、スタッフの育成に対して、参加者の学びと切り離すことができないという意識を持っており、それをデザインに反映させていた。

④ベテランは、デザイン時に緻密なプランを決定することはせず、保留や選択の余地を残した「柔らかな決定」を行っていた。

⑤ベテランは、過去の実践体験の想起や経験から構築された慣習を用いてデザインを行っていた。

最初の80分の段階での思考過程が、ベテランと初心者とで違うとするならば、その差異はどこから生まれたのか、それは紛れもなく、経験の中で実践者が学習してきたものなのである。ベテラン実践者は、まず依頼内容を把握して条件を確認した後、依頼内容を解釈する。この部分が最も重要で、その後、コンセプトを決定する。どんな分野のワークショップでも同様だが、この部分が丁寧に行われているかどうかがポイントである。コンセプトの決定後、ディテールを決定するが、その際、経験に裏打ちされたデザインモデルをそれぞれの実践者が持っている。個々の実践者が、実践の課題や結論を話すことも重要だが、どんな方針でデザインしているかについて参加者と共有することで、さらにブラッシュアップしていけるのではないか。

2 ベテランも昔は初心者だった

この実験により、ベテランと初心者において、企画する際の思考過程に違いがあることがわかった。ここで、読者の中には、ベテランは最初からそのようなワークショップデザインができたのかという疑問を持つ方もあるかと思う。実際、ベテランというのは特別な存在なのではないかと不安を持つ初心者も少ない。

Chap. 1

Chap. 2

Chap. 3

Chap. 4

Chap. 5

Chap. 6

Chap.
1

Chap.
2

Chap.
3

Chap.
4

Chap.
5

Chap.
6

　だが、そのような心配は不要である。すぐにベテランにはなれないが、留意すべきことを意識しながら丁寧な実践を重ねていけば、誰でも「1人前」としてワークショップデザインができるようになる。人が、経験を通して実践知を獲得していく長期的な学習過程を「熟達化」という。熟達化は、スポーツ、芸術など様々な領域において起き、そのプロセスには共通するものがあると言われている。一般的な熟達化研究でも、1人前になり熟達者になるまでに10年にわたる練習や経験が必要であるとされている。これをエリクソンの「10年ルール」という。

　つまり、ベテランワークショップ実践者も最初は「ワークショップデザインの初心者」だったはずなのである。初心者は最初はわからないことやうまくできないことも多いが、手続き的知識を獲得することによって、次第に状況が見えるようになり、手際よく仕事ができるようになる。ワークショップ実践者の場合この段階の目安として、おおよそ実践歴3年目があたると考えられる。ここで、実践共同体に属している場合は企画立案に関与する場合や、運営時のスタッフ取りまとめ役を任されることが多いのではないだろうか。ここから次の段階「1人前」になるためには、最初の壁がある。ここで実践をやめてしまう者も少なくない。

　やめずに実践を続けてきたワークショップ実践者は、かつてどのような時に壁を感じ、どのような経験を経て今日に至ったのだろうか。この問いにアプローチした調査研究が、書籍『ワークショップ実践者のデザインにおける熟達と実践者の育成』（森 2015）の第4章にある。この研究ではインタビュー法を採用している。ワークショップ実践者自身にこれまでの実践史を語ってもらい、デザインの仕方やデザインについての考え方の変容に留意しながらそのデータを分析したものである。この研究では、インタビュー協力者自身に「私のワークショップ史」の起点を決めてもらい、実践史の個人年表を

作成してもらった。年表作成時間は15〜20分である。その後、下記のような質問を行った。

質問内容
①ワークショップデザインの仕方が変わったと感じたのはいつ頃ですか？
　（複数あればいくつでも答えて構いません。）
　- そのときの具体的な変容の様子はどんな感じでしたか？
　- そのとき契機となったことは何でしたか？
②ワークショップ実践に対する考え方が変容したと感じた時期はいつ頃です
　か？（複数あればいくつでも答えて構いません。）
　- そのときの具体的な変容の様子はどんな感じでしたか？
　- そのとき契機となったことは何ですか？

　この研究でインタビューを行ったのは実践歴が5年以上で、単独で企画立案を行ったことがある実践者19名である。データ欠損などを外し、実践歴5年目から28年目までの男女17名を分析対象としている。調査の結果、ワークショップ実践者がデザインの方法の変容の契機として指摘した経験に関して

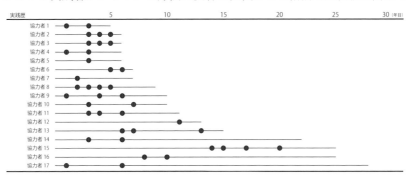

図 5 - 2 ：デザインの仕方における変容の契機

表 5 - 1：デザインの仕方における変容の契機の類型

変容の契機	内容	該当ケース数	出現時期の中央値
対象の違いに応じたデザインの必要への気づき	今まで対象としてこなかった人が参加者であったことが契機となった事例	10ケース	4年目
自己の立場の変化に応じたデザインの必要への気づき	今までと異なった組織の一員となるなど、実践を行う際の立場が変化したことが契機となった事例	6ケース	5年目
他者との協働デザインの中での気づき	文化的背景の異なる他者と協働でデザインしたことが契機となった事例	11ケース	6年目
継続の必要性	継続的な実践を可能にするため人材育成や場づくりを行うことを志向し始めたことが契機となった事例	8ケース	6.5年目
実践の内省による気づき	自身の実践を内省し、自分の理想とする実践のイメージに近づけようとしたことが契機となった事例	5ケース	15年目

その内容を類型化した。**図5-2**は、分析対象者の実践歴においてデザインの方法の変容があった時点を示したものである。図中の直線が表すのは、分析対象者それぞれの実践歴である。さらに、その直線を分割する黒丸は、変容があった時期を示す。分析対象者から指摘された変容の時期は計40ケース（1人平均2.35ケース）だった。

　変容の契機となった経験は**表5-1**のように、5つに類型化された。表には、分類した5つの契機のパターンに対し、それぞれの該当ケースの実践歴における出現時期を調べ、参考に算出した中央値も併記した。

Chap.
1

Chap.
2

Chap.
3

Chap.
4

Chap.
5

Chap.
6

（1）対象の違いに応じたデザインの必要への気づき

　今まで対象としてこなかった人が参加者となったことが契機となった事例である。協力者 7 の 3 年目、協力者11の 4 年目など、40ケース中10ケースが確認された。

Chap. 1

Chap. 2

Chap. 3

Chap. 4

Chap. 5

Chap. 6

事例1-1

協力者7はNPOのメンバーとして北海道のO町に長期滞在し、演劇づくりに関するワークショップを行っていた。協力者7は初めの頃、NPOの先輩から教わった型のまま実施するのが精一杯だった。ところが3年目になると、O町以外の周辺地域の社会教育施設などから、演劇づくりだけではなく、今まで経験したことのない様々な依頼が舞い込んでくるようになった。これに対し、今までと同じ型で実践することはできないと考えた協力者7は、参加する人はどのような人たちで、どのような気持ちで参加しているのかを想像し、プログラムを考えるという方法をとった。さらに、協力者7は、様々な参加者の持つ背景について理解するよう努めた。その方法は、以前と同様、自身の師匠や上司といった同一の実践者集団内での相談にとどまらない。本を読む、保育や教育の専門家に話を聞くなどの自発的な知識獲得を行いつつ、それをデザインの仕方に反映させていったのである。

事例1-2

協力者11はワークショップを行う場を自身で立ち上げ、長期間実践していた。その活動を続ける中で、実践歴4年目の折、私立の小学校から実践の依頼が来た。3回連続の講座の第2回目を担当するということだったので、別の講師が行う第1回目を見学に行ったところ、そこでの参加者の様子が、いつも実践を行っている対象とは異なっていることに気がついた。そして、どこが自分の慣れている実践と異なるのか、観察記録をもとに分析し、それに対応したデザインをしたという。

Chap.
1

Chap.
2

Chap.
3

Chap.
4

Chap.
5

Chap.
6

　吉崎（1987）は授業についての教師の知識領域には教材内容や教授方法についての知識の他に、生徒についての知識という領域があることを指摘している。ワークショップ実践者は教師とは異なり、固定の対象に対して実践を繰り返すことは少ない。だが、ワークショップにおいても授業と同様、参加者についての情報はデザインのための重要な要素である。したがって、参加者に対する知識並びに情報収集は、デザインに不可欠なものだと考えられる。

　事例1-1、事例1-2からもわかるように、実践者は経験したことのない属性を持つ対象者向けにデザインを行う際、参加者への調査・分析の必要に気がつき、意識的にそれを行っている。これらの経験は、単にデザインできるワークショップのバリエーションが増えたというだけでなく、ワークショップのデザイン自体への理解を深めることにつながっていると考えられる。

（2）自己の立場の変化に応じたデザインの必要への気づき

　今までと異なった組織の一員となるなど、実践を行う際の立場の変化が契機となった事例である。協力者3の4年目、協力者9の5年目など、40ケース中6ケースが確認された。

事例2-1

協力者3は、足掛け4年、複数のワークショップで積極的に経験を積んできたが、自身が中心的に企画立案する経験はなかった。しかし、4年目に子ども向けワークショップを行う施設に就職したことで、企画立案を中心となって行わなければならない状況に直面する。協力者3は、以降、「軸」や「ねらい」を意識し、実践の活動やそこでの参加者への表現を検討するようになった。実践歴6年目の現在では、この施設の企画チームは5名に増えている。後進育成においても、このときの気づきは生かされているという。

Chap.
1

Chap.
2

Chap.
3

Chap.
4

Chap.
5

Chap.
6

事例2-2

協力者9は大学在学時、障害を持つ子ども向けの実践を行うAのワークショップを手伝っていた。協力者9の大学卒業（実践歴5年目）を契機に、Aはこの実践から退いた。ここで、協力者9は自分が責任を持って行うという意識が芽生えた。このとき、協力者9は今まで持ち続けていた問題意識を自分のワークショップデザインに反映させる。すなわち、ワークショップ参加者の親とのノート交換、というコミュニケーション活動を取り入れるようになったのである。これは、協力者9がスタッフをしながら感じた問題意識が自身の立場の変化を契機とし、ワークショップのデザインに具体的な活動として反映されたものである。

　企業におけるマネージャーのキャリア形成研究では、人事異動や最初の管理職経験に関する出来事が教訓となり「一皮むける」経験となり得ることが報告されている（谷口 2006）。事例2-1、事例2-2を含め、ワークショップ実践者における「立場の変化」のあり方は一様ではないが、実践者における立場の変化は他の立場にある者への気づきと配慮を促すことがわかった。

(3) 他者との協働デザインの中での気づき

　文化的背景の異なる他者と協働でデザインしたことが契機となった事例である。協力者6の7年目など、40ケース中11ケースが確認された。

事例3-1

協力者6は大学院で博士課程まで進学し、教育学の立場から美術教育に関する研究をしていたという背景を持つ学芸員である。大学院時代から図工の授業等、多くの授業観察を行った経験を持っている。美術館に教育普及担当として就職したことに対しても、「自分は学校教育学というと

Chap.
1

Chap.
2

Chap.
3

Chap.
4

Chap.
5

Chap.
6

ころの出身だったし、その専門性をばしっと生かせるという意味でやり
やすい、やりがいのある仕事だ」と思ったと述べている。協力者6が実
践者Bと協働でワークショップデザインを始めたのは4年目のことである。
この実践は展覧会と連動する形式でシリーズ化されており、現在も継続
中である。Bは学芸員ではなく劇団主宰者であり、ワークショップ実践
歴が非常に長い。このシリーズの第12回目で、協力者6は窮地に立たさ
れる。その回では、人間国宝の陶芸を題材にした展覧会と連動するプロ
グラムを考える必要があった。しかしながら、協力者6には、その条件
がネガティブなものにしか見えず、全くアイデアが浮かばなかったので
ある（実践歴7年目）。だが、Bは同じ条件であるのにも関わらず、「ちょ
っと意地悪なものの見方」をすることで、協力者6にとっては全く予想
外で魅力的なアイデアを出してきた。そのとき、協力者6は、Bの視点か
ら大きな気づきを得ることとなる。協力者6は、Bの発言によって自身の
現在持っている固定観念に対し自覚的になることができた。さらに、B
との協働デザインによって関係を深めていくことを通じ、「決め過ぎない
で参加者を信頼する」「ちょっと意地悪なものの見方をする楽しさ」とい
った、今後自分がどのようなワークショップをデザインしていきたいか
という方向性や目標をつかんでいったこともわかった。

　他の事例でも他者との協働によって自身の固定観念や慣習に気がついたと
いうケースは多い。教師研究においても、学年行事などで協働する活動によ
って同僚に対する見方が変化するという報告がある（木原 2004）。同様の指
摘として、社会心理学研究において藤森・藤森（1992）は、対人葛藤のもた
らすプラスの面として、（1）自分自身や他者、そしてその関係性について
の理解を深める効果、（2）相互の新しい考えや優れた視点を発見する機会
を提供する効果、（3）将来の対人葛藤を効果的に処理する調整機能の発達
を促進する効果、を挙げている。一方、荒木（2007）は企業で働く個人のキ
ャリア確立に関する実証研究の中で、実践共同体への参加によって深いリフ

レクションが引き起こされる可能性を示唆している。

　以上のことからも、ワークショップ実践者が他者と協働でデザインすることは、自身のデザインの方法に対する自覚を深める契機となり得ると考えられる。

（4）継続の必要性

　継続的な実践を可能にするため、人材育成や場づくりを行うことを志向し始めたことが契機となった事例である。協力者2の6年目、協力者17の7年目など、40ケース中8ケースが確認された。

事例4-1

協力者2は大学での指導教員の薦めで、ワークショップを行うNPOに通うようになる。始め、「スタッフ」というより「お客さん的な意識」でファシリテーターを務めていたが、4年目頃から、企画立案を任せられることも増え、自信がついたと同時に意識も変化した。このような意識の変化はあったものの、協力者2はなかなか思うようにその意識を自身のデザインの方法に反映させることができなかった。

だが、6年目になると企画立案を後輩に任せ自分は一歩引いてサポート役に回ることができ、実践は成功した。それ以降、協力者2は安心して後輩に企画を任せられるようになったという。

事例4-2

協力者17は美術館学芸員として6年勤務した後、自身の関心の変化に伴って独立し、チルドレンズミュージアム（子どもたちが体験学習を行う教育施設）の立ち上げに関わってきた。その中で、ワークショップ実践を自身が行うのではなく、新しい施設で働く職員がワークショップを自律的に実施・継続していけるような仕組みを考える必要が出てきた。実

Chap.
1

Chap.
2

Chap.
3

Chap.
4

Chap.
5

Chap.
6

> 践を継続して行っていくためにどのような伝え方が必要かを考えていく
> 中で、協力者17はタイムスケジュールや準備の重要性に気がついたとい
> う。

　事例4-1、事例4-2において実践者が置かれている状況は異なっている
ものの、いずれも実践を継続させていくことや人を育てる仕組みに対して意
識を払っていることがわかる。

　ワークショップ実践では、看護師における新人指導のためのプリセプター
シップ（吉富・舟島 2007）や、企業におけるメンター（久村 1997）のよう
な制度の整備はされていないものの、長期に渡る教師経験を持つ協力者10を
除くと実践歴6〜8年目において後進育成への意識が現れ、それをデザイン
に反映させるようになることが確認できた。

　これと同時に、継続の必要性を感じたワークショップ実践者は、人材育成
以外に対する意識とそれに伴うデザインの変更を行うことがあることが確認
できた。事例4-2において新しい施設の設立時に関する事例を取り上げた
が、この他の該当事例には、実践を継続して行うための建物を建設する事例
（協力者16）や、空き家を借りて運営する事例（協力者8）もあった。この
ように、ワークショップ実践者にとって実践の継続を意識した場合、課題と
なってくるのは人材育成を考えたデザインのあり方のみではなく、運営体制
そのものに波及することが多い。これはワークショップ実践がNPOや企業
など、民間の集団によって行われることが多く（新藤 2004）、しばしば特定
の場を持たずに始まることに起因する特有の現象だと考えられる。

(5) 実践の内省による気づき

　自身の実践を内省し、自身の理想とする実践のイメージに近づけようとしたことが契機となった事例である。協力者13の14年目、協力者15の15年目及び16年目など、40ケース中5ケースが確認された。

Chap. 1

Chap. 2

Chap. 3

Chap. 4

Chap. 5

Chap. 6

事例5-1

協力者13は大学教員である。最初のきっかけは大学における講義のあり方について考えるようになったことであった。協力者13は、その後、人と物とのインタラクションを重視した新しい創造的な学びの場「Playshop」と呼び、学内外において様々な実践を続けてきた。その中で、過去の実践経験への省察から自身の行いたい実践の核となる部分を自分なりに理論化しようとしていた。時系列のデザインモデルである「イタリアンミールモデル」や「からだ・あたま・こころ」というコンテンツに関する三段階モデルを経る中で感じる違和感を改善するべく内省を深めた結果、「これとこれが多分、合体し」、14年目にはマトリックスというモデルを考えデザインを行うようになったという。この事例では、協力者13自身がイメージしている実践のあり方を「表現できるモデルが欲しい」という想いこそが、省察を促進したのではないだろうか。さらに、ワークショップデザインに関する他者への説明の機会や、隣接する研究分野の知見の援用も、省察を支援するものとして有効に機能していると言えるだろう。

事例5-2

協力者15はアーティストであるが、ニューギニアで数年間教鞭をとる、不動産関係の企業で働くなど、ワークショップ実践と並行して様々な仕事をしている。実践を始めた頃は、自分の伝えたいことや自分の方法を伝えるという意識で実践していた。しかし、ニューギニアでの民族学者や社会学者との出会いの中で、住人の語りを引き出す、という研究手法

Chap.
1

Chap.
2

Chap.
3

Chap.
4

Chap.
5

Chap.
6

に面白さを感じたという。また、様々な大型アートプロジェクトに従事する中で、その場にいる人と一緒に「ある風景をつくっていく」というワークショップを、日本の文化になじむ形で実践したいと考えるようになった。これが13年目のことである。この考え方の変容が、デザインに反映されたのが、15年目及び16年目のワークショップである。15年目には、地域の人と定期的（月2回ペースで1年間）にお茶を飲みながら話をし、何をするか、というところから参加者と一緒に考えていくという場をデザインした。この実践からは、そこで立ち上がったアイデアを実際に実施する集団が派生的に立ち上がり、自律的な活動を始めた。協力者15が去った今でも、彼らの活動は継続しているという。また、16年目には、商店街全体を巻き込み、物々交換をする実践をデザインした。そして、この時期を境に、仕組みやツールを考案しそれを「デモンストレーションする」ということを通じ、「ワークショップが発生するためのワークショップ」をデザインし始めた。

　ワークショップ実践者のデザイン過程にはその背景に経験から構築された「個人レベルの実践論」があることが示唆されている。

　Schön（1983）は、建築や精神分析など複数の事例検討から専門家は「行為の中の省察」を行っていることを指摘している。また松尾（2006）は、プロフェッショナルになる学習過程では経験が重要であると述べた上で、「経験から学習する能力」として「信念」という概念を提起している。そのほか、実践者の「持論」に関する研究は経営学でも多く行われているが、ワークショップ実践者のデザインにおける熟達過程に関して特に興味深いこととして、考え方の変容がすぐにデザインの方法に反映されるわけではないということが挙げられる。

Section 3 | ワークショップ実践者とその専門性

1 ワークショップ実践者の実態

　ワークショップに参加してから、自分が自らスタッフや企画者に回るところまでには、ある程度の時間と契機を必要とする。そのことについて、森（2009）は、ワークショップ実践者がワークショップ実践を行う上での専門性についてどのような認識を持っているかを明らかにするためのインタビュー調査および質問紙調査を行っている。

　この研究では、ワークショップ実践者自身が考えている専門性とは何かについて検討している。そのデータから、経験の多いワークショップ実践者には、ワークショップデザインにおいて重視している共通の事柄があるということがわかっている。これをワークショップにおける「個人レベルの実践論」と呼ぶ。「個人レベルの実践論」は、実践のテーマにも関連していると考えられる。

　ワークショップ実践者は過去への省察を通じて自身の仮説を練りあげなが

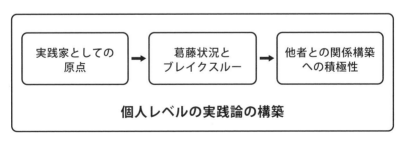

図 5-3：ワークショップ実践者のデザインにおける熟達化モデル

らそれを具体化する方法を検討していることが明らかになっている。また、この省察によって自分なりのデザインモデルを見つけるという経験を経つつ、ワークショップデザインの仕方を変容させていくこともある。これらのことを踏まえ、ワークショップデザインにおける熟達の構造は、**図5-3**のように整理することができる。実践者としての原点があり、他者との関係性に対する積極性などを通じて、個人の経験に裏づけられた個人レベルの実践論が構築されていく。また、領域を超えた実践者との交流など、様々な協働デザインの経験とそこでの葛藤を乗り越えて、新たなブレイクスルーをしていくことも個人レベルの実践論の構築に大きな役割を果たす。

2　ワークショップ実践者の専門性とは何か

　実践者にそれぞれ経験に根ざした「個人レベルの実践論」があることはわかった。では、その中身、ワークショップ実践者の専門性とはどのようなものなのだろうか。それについて筆者が行ったインタビュー調査がある（森2009）。この調査の実施期間は2009年3月〜4月である。対象者の選定に関しては、実践歴、扱っているテーマ、所属等が偏らないよう配慮し10名を選んだ。協力者が扱っているテーマや所属は多岐に渡っている。方法としては半構造化インタビューを用い、下記の項目に添って筆者が質問を行った。

　調査の結果、ベテランがワークショップ実践者の専門性だと認識していることは、（1）企画（「参加者にあった内容にする」、「事前準備」など）、（2）運営（「参加者の気持ちを尊重する」、「参加者に関わり過ぎない」など）、（3）実践者としてのスタンス（「自分の感性に正直」、「参加者と対等に向き合う」など）に大別することが可能であった。さらに、この回答結果から類似すると思われるものを統合整理し26項目にまとめ、「ワークショッ

```
                          質問の項目
1. 基本属性
・現在の勤務先とこれまでの勤務先
・現在の職名とこれまでの変遷
・年齢
・ワークショップをするときのスタイル（コミュニティに属しその一員とし
  て実践する、1人で実践する、場合によって協働する相手を変えながら実
  践する等）

2. ワークショップとの関わり方に関する経験
・参加者としての経験
・スタッフとしての経験
・企画者として
・コーディネーターとして
・そのほか、ワークショップとの関わり方の経験（例：取材、観察、見学、
  本や映像など記録を見るといったもの等）

3. 専門職としての意識
・ワークショップ実践者に必要だと思うこととそう考える理由
・すぐれたワークショップ実践者の条件とそう考える理由
・ワークショップ実践者として後進を育てることを考えた場合身につけてお
  いてもらいたいもしくは知ってもらいたいこととそう考える理由
・他の仕事や活動の中でワークショップ実践をすることと通じる部分がある
  と感じられる職業とそう考える理由
```

Chap. 1
Chap. 2
Chap. 3
Chap. 4
Chap. 5
Chap. 6

プに関する意識について」という質問紙調査も行った。有効回答者数は120名、うちベテランは34名である。

　もちろん、ベテランの回答がワークショップデザインにおける「正解」というわけではない。しかしながら、この調査結果からは、ベテラン実践者が

Chap.
1

Chap.
2

Chap.
3

Chap.
4

Chap.
5

Chap.
6

> ベテランがワークショップデザインにおいて重視する指針
>
> 企画
> ・事前の準備を大切にすること
> ・参加者が活動自体を楽しめることを重視すること
> ・参加者にあった内容にすること
> ・進める方向性を明確にすること
> ・スタッフ主導の部分と参加者にゆだねる部分の両方がある組み立てにすること
>
> 運営
> ・全体を見渡しながらスタッフや参加者とコミュニケーションを取ること
> ・参加者やスタッフの話を聴きながら事前に準備した企画を修正していくこと
> ・参加者と人として対等な関係で向き合うこと
> ・参加者の気持ちを尊重し受けとめること
> ・参加者に対して素直に共感できること
>
> 実践者としてのスタンス
> ・相手に自分の話を聴いてもらえるように自分なりの方法を持っておくこと
> ・自分なりの役割を理解していること
> ・普段から何でも面白いと感じられるような好奇心を持っておくこと
> ・自分の面白いと感じる感性に正直であること
> ・普段の生活でも様々な視点でものを見ること

その専門性として意識していることの傾向を見ることができる。以下の15の事柄は、回答したベテラン実践者のうち7割が支持しているものである。ベテランがワークショップデザインにおいて重視する指針と言えるだろう。

Chap. 1

Chap. 2

Chap. 3

Chap. 4

Chap. 5

Chap. 6

専門性の向上とは一筋縄ではいかないものである。大事だと意識している
ということと、実際にそれができるということは同義ではない。しかしなが
ら、意識することはできるようになるための大切なステップである。ワーク
ショップ実践者は、自らがありたい姿を意識し、実践し、それについて言語
化しながら内省することでデザインにおける熟達を遂げていく。その点で、
実践者が自身の活動について評価することや、広報や報告、実践者育成とい
う機会で他者に伝えることは、身体化した知を内省する機会になる。暗黙知
の外化と共有は、ワークショップ実践者が互いに学び育つ上で、重要なポイ
ントとなるのである。

Section **4**	**実践者が学び育つ環境とは**

　ワークショップ実践者が学び育つ環境とはどのようなものだろうか。本章
の最後に、その構築に向けた5つの課題を提起する。詳しくは森（2015）を
参照いただきたい。

- ・「個人レベルの実践論」の構築
- ・デザインモデルの共有と伝達
- ・自己の学習経験に対する内省の促進
- ・他実践者からの学習
- ・専門家としてのアイデンティティの形成

1 「個人レベルの実践論」の構築

　ワークショップデザインは誰でも始められる。しかし、ワークショップデザインに熟達するためには、経験を積み内省を繰り返すための時間が必要である。ワークショップ実践者はデザインの熟達過程において、自己説明的な活動を行いながら「ワークショップ実践者の経験に由来した固有のものの見方、考え方」を構築している。これをワークショップ実践者における「個人レベルの実践論」と呼ぶ。これは、実践に対する信念、実践的知識、実践の技術という3要素の集合体と考えられる（**図5-4**）。

　「実践に対する信念」、「実践的知識」、「実践の技術」はいかに獲得されていくのだろうか。そして、実践者の「個人レベルの実践論」は具体的にどのような過程で構築されていくのであろうか。例えば、ベテランはデザイン過程において初心者よりも多くの保留を行う。さらに、その保留の中には、「スタッフミーティングの際に決定する予定のもの」「当日の進行において決定するもの」という明確な判断がある。つまり、ベテランはデザイン過程において実践前に決定することと決定しないことを切り分けている。これは「実践の技術」の1つである。

　実践共同体に周辺的参加をする場合、はじめのうちはデザインを一から単独で行うことが少ない。だが、中堅になると外部からの依頼に応じて実践をする、「仕事」としての受託を経験する実践者が増えてくる。これはプロフェッショナルになっていくために必要な登竜門だと考えられる。しかしながら、不慣れな条件下でのワークショップデザインは、実践的知識が十分にないことから、中堅は初心者のときとは違った問題解決を強いられ、デザインに戸惑うことがある。

　経験の少ない実践者が、当日の様子に対しリアリティを持ってイメージで

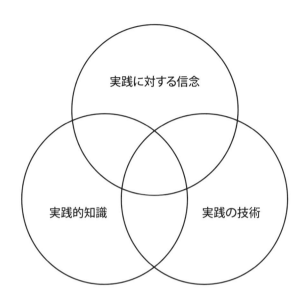

図 5-4：実践者における「個人レベルの実践論」の総体

Chap.
1

Chap.
2

Chap.
3

Chap.
4

Chap.
5

Chap.
6

きるようにするためには「実践的知識」や「実践の技術」の不足を補う必要
がある。方法としては、自分にない知識や経験を持つ実践者と協働でデザイ
ンする、過去の実践の映像資料や実践者の語りに触れる、実際に観察する・
関係する本を読む・専門家に話を聞くなど調査を行うといったことが有用で
あろう。

　「実践的知識」や「実践の技術」が獲得できて初めて「実践に対する信念」
がワークショップデザインに反映できるようになる。「個人レベルの実践論」
は、「実践的知識」「実践の技術」「実践に対する信念」の3要素がバランス
を取りながら獲得されることによって形成されていくと考えられる。実践者
の育成を支援する上では、その点に留意する必要がある。

2　デザインモデルの共有と伝達

Chap.
1

Chap.
2

Chap.
3

Chap.
4

Chap.
5

Chap.
6

　初心者支援のために、初心者と中堅・ベテランの間のコミュニケーションをどのように支援するかということは、ワークショップ実践者の育成においても課題である。

　ロールモデルとなる実践者や、スーパーバイザーとして実践の相談に乗ってくれる者が身近にいるという環境は、育成の場として理想的である。教師研究、看護師研究、福祉専門職の研究では、メンター、プリセプターシップ、スーパービジョン等、呼称は異なるがベテランによる初心者支援の手法が導入されている。しかしながら、ワークショップ実践者育成の場合、全ての初心者育成を即この方法で解決しようとするのは現実的でない。なぜなら、スーパーバイザーの養成という課題が生まれるからである。

　日本におけるワークショップ実践の草創期において、実践者は「ワークショップ実践者としての」体系的な養成を受けてきたわけではない。実践者は各々のいる領域で海外に先達を見つけたり、自己流に改善を行ったりして実践を続けてきた。

　現状を考えるのであれば、実践歴が長い者が一方的に人材育成を担当するのではなく、実践者同士がデザイン過程を相互支援できるつながりや仕組みをつくることが課題ではないかと考えられる。デザイン過程におけるピアレビューのような活動も有効であろうし、初心者だけでなく中堅やベテランにとっても、自身のワークショップデザインについてその思考過程を外化し他者と共有することで内省が深まるはずである。

　その際、個々の実践者がいかにワークショップをデザインしているかについて議論しやすくするために有用だと考えられるのが、「デザインモデル」である。デザインモデルは、通常「個人レベルの実践論」を構築していく中

でできあがっていくものである。

　ここで注意したいのは、ベテランが使用している固有のデザインモデルを初心者が聞いても、自身が企画する際に使いこなせないというケースが多い、ということである。初心者が「個人レベルの実践論」への理解抜きにベテランのデザインモデルを利用するのは困難である。初心者の場合は、中堅が考案したシンプルなデザインモデルをまず使い、手順に慣れた後、必要に応じて自分なりのアレンジを試みるとよいだろう。

3　自己の経験に対する内省の促進

　実践者が属している集団によって人材育成のあり方にも違いがあるため、今後はその差を埋めていく方法論も必要となるだろう。ワークショップ実践者とその専門性を考えた場合、異分野からの参入者も多いことが重要な特徴として挙げられる。単純に実践年数の差だけではなく、実践の中でどのような役割を経験しているのかによっても意識する専門性に差があることが推察される。

　デザインにおける熟達や実践者育成支援を考える際、学習者によって抱える課題が異なることは配慮すべき点であろう。実践者の学習レディネスと、ワークショップという手法までの軌跡を考慮すれば、より一層、有効な学習支援ができる。

　実践者がなぜワークショップという方法を選択するようになったのか、その実践へ向かう想いは様々である。だが、そこには共通する思想として、「『教える』『教わる』という関係への問い直し」がある。答えのない問いに対して、どのようにアプローチするかを考える中で、既存の手法との葛藤からワークショップを選択する実践者も多い。

Chap.
1

Chap.
2

Chap.
3

Chap.
4

Chap.
5

Chap.
6

Chap.
1

Chap.
2

Chap.
3

Chap.
4

Chap.
5

Chap.
6

4　他実践者からの学習

　ワークショップ実践者の場合、実践のデザインにおいて他専門職との協働を迫られることが多々ある。他専門職との協働は、ワークショップ実践者のデザインにおける熟達において、鍵となると考えられる。

　創造的領域での熟達化に社会的サポートや社会的刺激が重要な刺激を示すという指摘（Bloom 1985）がある。ワークショップ実践は単独で行われるものではなく常に対象者をよく見て理解することが重要とされているからである。

　ワークショップ実践者は、対象との関わりの中で対象を理解していく。参加者が「語らない場合」も含めて理解をしていくために、観察・調査をするという姿勢も必要である。ワークショップ実践者の育成方法としても、ドキュメンテーションやエピソード記述によって、同僚と視点を共有するという方法は参考になる。

　初心者は「どこで学んだか」をオンタイムで認識できないことがある。ワークショップ実践者へのインタビューから、他者との協働に対し最初は抵抗感や違和感があったと述べる事例が少なくない。内発的動機から協働デザインをしたりコミュニケーションをしたりするのではなく、同じ実践者集団における熟達者からの指示など、外発的動機づけによって他者と協働する場合も少なからずあるのである。しかしながら、協働することで他者から学ぶことを経験した実践者は、次からは率先して他者との交流を図るようになる。その結果、自己学習力が増していくという、実践者育成にとって良い循環に入っていく。

　初心者の育成プログラムを考えるだけでなく、すでに現場で活動する実践者同士の交流支援も課題であろう。お互いのデザインモデルを共有したり、

「個人レベルの実践論」について学んだりできる環境をつくっていく必要がある。

　中堅以上、特にベテランに対しても、ワークショップデザインに関して協働すること自体へのハードルを下げるという支援が必要だ。協働することから学んだという事例が多くある一方で、自分から率先して他者との協働を行う実践者ばかりではない。ベテランは多忙を極めることもあり、他の実践者とのデザインにおける協働は少なくなる。

　ここで、比較的フットワークの軽い中堅をハブにしたネットワーキングの可能性が出てくる。ベテラン同士が直接協働できなくとも、同じ実践共同体にいる中堅が協働することで知識や情報に流動性が生まれる。中堅は、自身の「個人レベルの実践論」を構築していく中で実践共同体をいくつか移ることも少なくない。このような人的な流動性によっても、各コミュニティにさらなる刺激が生まれる。実践者同士の物理的交流や、ソーシャルネットワークを活用した流動性を高めるための仕組を意図的に用意することは、実践者育成に役立つであろう。

　また、他専門職の研究では、対象に対して複数の専門家が関わる事例がある。例えば、入院中の小児患者に対し、医療チームと保育チームが連携するといったものである。双方がお互いの領分をわきまえつつも意識しあっていく中でそれぞれの専門性がより明確に意識されるということがあるだろう。ワークショップ実践者の場合も、近接領域の専門家との積極的な協働が課題である。今後、この協働に向けて障壁となっているものは何かを検討するとともに、その障壁を少しでも取り除くような試みも行っていく必要があるだろう。

Chap. 1
Chap. 2
Chap. 3
Chap. 4
Chap. 5
Chap. 6

5 専門家としてのアイデンティティ形成

Chap.
1

Chap.
2

Chap.
3

Chap.
4

Chap.
5

Chap.
6

ワークショップ実践者には、明確な養成期・就業期の区別や、業務独占を許可する国家資格が存在しない。そのためワークショップ初心者は将来のあり方に不安を感じ、今持っている専門性をも十分自覚できていない可能性がある。このような不安を軽減するため、実践者の「専門家としてのアイデンティティ」を育てることが有効であろう。初心者が専門家としてのアイデンティティを高めるために、中堅以上のワークショップ実践者は、「実践に対する信念」「実践的知識」「実践の技術」の3要素が融合された「個人レベルの実践論」を伝達していくことが必要である。

実践共同体に周辺的な参加をしている初心者は、企画立案において中心的に動くベテランと密なやりとりをする機会が得られないケースも多い。このような事情が初心者特有の焦りや不安感につながっている可能性もある。

一方、初心者後期に特有の関わり方から、中堅になると責任を持つ立場に変わってくる。そうなるとベテランとのコミュニケーションも密になる。そこでデザインの意図について学ぶ機会が多く、不安や不満を持っていた葛藤期を抜け出し、自信もつくようだ。ここで、「専門家としてのアイデンティティ」の芽生えがあったと考えられる。

中堅の特徴として、自分がベテランに「任された」ということによって得られる自信と満足感とともに、自分も人に「任せられるんだ」という意識が現れることが挙げられる。その結果、中堅はベテランのデザインにおける特徴の1つである「スタッフ育成に対する意識とデザイン力」を獲得していく。

中堅の中で、他者との関係構築に対する積極性が増してくることは、実践集団においても重要な意味を持つ。どの実践集団にも中堅がいるわけではないが、中堅がハブ役となって初心者と密接に関わりながらベテランの語りを

「翻訳」し伝えることができている集団では、初心者後期の不安・不満も少ないと考えられる。即ち、中堅は、しばしば集団内のコミュニケーションのハブとして機能する場合が多いのである。言い方を変えれば、初心者後期から中堅にかけての変化は、ベテランとの距離の取り方に現れるとも言える。

Chap. 1

Chap. 2

Chap. 3

Chap. 4

Chap. 5

Chap. 6

第6章
Chapter 6

ワークショップと学習環境

Chap.
1

Chap.
2

Chap.
3

Chap.
4

Chap.
5

Chap.
6

✧**本章の概要**✧
ここまでワークショップにおける学習活動のデザインとそれを
支える専門性について説明してきた。ワークショップを持続的
に展開する際には、共同体や空間のデザインも考慮する必要が
ある。本書のまとめとして本章では、空間・活動・共同体を包
括する概念として学習環境のデザインについて論じる。

Section **1**	ワークショップと共同体

1 実践共同体

　共同体はもともと地縁や血縁を基盤とし、地域に根ざした社会構造を指す
言葉であったが、メディアによって人のつながりの様態が変化する中で、拡
張された共同体概念が生み出されている。

Chap.
1

Chap.
2

Chap.
3

Chap.
4

Chap.
5

Chap.
6

表6-1：実践共同体とその他の集団との比較

（ウェンガー・マクダーモット・スナイダー 2002より一部修正）

	目的は何か。	メンバーはどんな人か。	境界は明確か。	何をもとに結びついているか。	どれ位の期間続くか。
実践共同体	知識の創造、拡大、交換、および個人の能力開発	専門知識やテーマへの情熱により自発的に加する人々	曖昧	情熱、コミットメント、集団や専門知識への帰属意識	有機的に進化して終わる（テーマに有用性があり、メンバーが共同学習に価値と関心を覚える限り存続する）
公式のビジネスユニット	製品やサービスの提供	マネージャーの部下全員	明確	職務要件および共通の目標	恒久的なものとして考えられている（が、次の再編までしか続かない）
作業チーム	断続的な業務やプロセスを担当	マネージャーによって配属された人	明確	業務に対する共同責任	断続的なものとして考えられている（業務が必要である限り存続する）
プロジェクトチーム	特定の職務の遂行	職務を遂行する上で直接的な役割を果たす人々	明確	プロジェクトの目標と里程標（マイルストン）	あらかじめ終了時点が決められている（プロジェクト完了時）
関心でつながる共同体（コミュニティ・オブ・インタレスト）	情報を得るため	関心を持つ人ならだれでも	曖昧	情報へのアクセスおよび同じ目的意識	有機的に進化して終わる
非公式なネットワーク	情報を受け取り伝達する、だれがだれなのかを知る	友人、仕事上の知り合い、友人の友人	定義できない	共通のニーズ、人間関係	正確にいつ始まりいつ終わるというものでもない（人々が連絡を取り合い、お互いを忘れない限り続く）

　実践共同体はその1つであり、「あるテーマに関する関心や問題、熱意などを共有し、その分野の知識や技能を、持続的な相互交流を通じて深めていく人々の集団」（ウェンガー・マクダーモット・スナイダー 2002）である（**表6-1**）。実践共同体の例としては、企業内に自発的かつ越境的に構成さ

れたクラブ的組織や、大学における研究会などが挙げられる。

　実践共同体論からワークショップを見ると、（１）参加者集団は実践共同体なのか？　（２）実践者集団は実践共同体なのか？　という２つの問いが立てられる。

　参加者集団については、ワークショップによって状況は違うものの、実践共同体としてとらえることは難しいだろう。ワークショップは始まりと終わりがある短期間のプログラムによって成立しており、毎回参加者が異なっている場合持続的な相互交流が起きないからである。この場合、興味や関心を同じくするが主体的に共同体を構成しようとはしていない集団として考えるほうが妥当である。

　このことは否定的な意味を持たない。むしろ、実践共同体を構成するような「強い」つながりがないことが、ワークショップの魅力になっている。すなわち、参加も離脱も自由であり、集団維持のコミットメントから解放されている状況だからこそ、創造的な対話が起きやすいのである。ただ、同じデザインのワークショップを回を重ねて開催する場合、リピーター参加者がボランティアで運営側に参加することがある。この場合は、運営者の実践共同体に参加したととらえることができるだろう。また、リピーターが自主的にグループを立ち上げることで新たに実践共同体を作り出すこともある。

　一方、ワークショップの実践者集団については、明確に実践共同体として位置づけることができる。ワークショップを生み出す実践者は、多くの場合１人ではなくチームで行っている。このチームは、多くの場合企業などの公式なビジネスユニットの形態はとっておらず、自発的に参加したメンバーがゆるやかにつながる形で構成されており、ワークショップのテーマに関する熱意によってつながっている。ワークショップ参加者はこの共同体に一時的に周辺参加していると見ることもできる。

Chap. 1

Chap. 2

Chap. 3

Chap. 4

Chap. 5

Chap. 6

Chap.
1

Chap.
2

Chap.
3

Chap.
4

Chap.
5

Chap.
6

2　実践共同体育成の7原則

　本書を手にとられた方の多くは、ワークショップを実践してみたいと考えている ことだろう。単発の実践を行うだけであれば、参加者に助けてもらいながら実施することも可能である。しかし、持続的にその活動を展開するためには、ワークショップの実践を支える共同体を立ち上げ運営していく必要がある。ここでは、ウェンガーらによる実践共同体育成の7原則を引きながら、ワークショップ実践共同体をどう構成するのかについて検討したい。

（1）進化を前提とした設計を行う

　共同体は、有機的であり、成長・進化する存在である。最初から綿密な組織設計をするのではなく、成長とともに形を変えられる柔軟性を担保する必要がある。

　ワークショップ実践共同体の場合、活動の中心はワークショップのデザインと実践になる。まずはプロトタイプのデザインと実践からはじめ、他団体や、他の実践者に意見をもらいながらその工夫を順次取り入れることによって、段階的に成長することを意識する。

（2）内部と外部それぞれの視点を取り入れる

　人のつながりである共同体のマネジメントには、共同体の本質を理解し、メンバーの特徴や可能性について把握する内部者の視点が必要になる。同時に、他の共同体を参照し、外部の人々の意見を聞くことによって、自分たちの共同体を相対化し、方向性を考える視座も重要である。

　リーダーを中心とするコアグループが共同体の価値と現在のメンバーについて把握するとともに、その妥当性を絶えず確認するために他のワークショ

ップ団体と交流し、外部の人から忌憚のない意見をもらいながら運営を改善していく必要がある。

（3）様々なレベルの参加を奨励する

　実践共同体の中心となっているのは運営を中心的に担う「コアグループ」（メンバーの10〜15%）である。そのまわりに定期的に会合に出席するが、コアグループほど活動に熱心ではない「アクティブ・グループ」（メンバーの15〜20%）が存在するが、残りのほとんどはコアグループとアクティブ・グループの活動を見守る「周辺メンバー」である。

　周辺メンバーは傍観者的であるため役に立たないように見えるが、実は重要な存在である。議論が白熱した際に冷静で客観的な意見を述べ、他の共同体の橋渡しをすることによって共同体に新しいつながりをもたらすことがあるからである。

　ワークショップ実践共同体では、時間や労力を裂いてワークショップのデザインや実践を行うコアグループやアクティブ・グループが評価されがちである。しかし、そのまわりに普段は何もしなくても時々重要な役割を果たす周辺メンバーを確保しておくことが、共同体の長期的な発展につながる。

（4）公と私それぞれのコミュニティ空間をつくる

　実践共同体では、全員が集まる公的な会合が重視されがちであるが、実際には個別のメンバー同士が非公式にやりとりする私的なやりとりが重要な役割を果たす。例えば公的な会合において意図的に休憩を取り、コーディネータがメンバー同士を結びつけることによって、共同体における人間関係を強化することが重要である。

　ワークショップ実践に関する会議は共同体にとって公的なものであり、メ

Chap.
1

Chap.
2

Chap.
3

Chap.
4

Chap.
5

Chap.
6

ンバーの人間関係によっては発言を抑えることもある。そのような場合、メンバー同士に私的なつながりがあると、そのルートも含めて重層的なコミュニケーションが行われ、メンバーの相互理解が深まる。

（5）価値に焦点を当てる

　メンバーの参加が自発的であるため、共同体の維持のために参加する価値について言語化した上で共有する活動が必要になる。共同体が立ち上がった直後には、価値を感じていても言語化できていないケースも多い。実際に参加し経験して感じたことを常に言語化するようにリーダーが意識的に動くとよい。

　ワークショップ実践に参加した人たちは、様々な感想を持つ。その感想を反省会において共有し、共同体が大事にしている価値とつなげて言語化することが重要である。第4章で取り上げたCAMPの事例が参考になる。

（6）親近感と刺激を組み合わせる

　共同体はメンバーにとって居心地が良い場所であり、定期的な会合に参加して一緒に食事をする関係は基盤として必要である。しかし、それだけでは共同体は内向きになり、関係維持が自己目的化する危険性もある。安心できる定期的な会合だけではなく、思い切って挑戦的な実験を伴う刺激のあるイベントも必要であり、その適切な混合がコミュニティの安定と発展を両立させることになる。

　何度も実施して安定した成果を挙げているワークショップ実践は、成功しやすく達成感を味わうことができる。しかし、時には全く違ったタイプのワークショップに挑戦し、普段つきあわないタイプの共同体と意見交換する機会も必要である。

(7) 共同体のリズムを生み出す

　定期的な会合、イベント、食事会などをどのタイミングで行うかによって、共同体にリズムが発生する。このリズムが速過ぎると、メンバーはついていけなくなり、息切れを起こす。逆に遅過ぎると、活気がなくなり、メンバーが離脱するようになる。適切なリズムを維持することは、リーダーの重要な仕事である。

　ワークショップ実践共同体にとって、最も重要な定期的なイベントは実践である。この実践を1ヶ月に1回にするのか、3ヶ月に1回にするのかでリズムは大きく変わる。また、新しいワークショップを1年に1回開発するのか、半年に1回開発するのか、反省会の後に食事会を毎回行うのかなどについても検討し、活気を維持するリズムを見つけ出す必要がある。

3　実践共同体の発展段階

　次に、ウェンガーが述べている実践共同体の発展段階を参考にしながら、ワークショップ実践共同体の運営について時系列で考えてみよう。

　実践共同体は生命体と同じように、誕生から死に向かうサイクルがあり、ウェンガーらは、潜在、結託、成熟、維持・向上、変容の5段階があると述べている（**図6-1**）。

「潜在」の段階

　潜在的なメンバーが出会うことによって人的ネットワークが形成され、実践共同体の結託に向けて問題意識の醸成が行われる段階である。

　ワークショップの場合、同じワークショップや人材育成プログラムに参加した人々がつながり、実践共同体を構成する場合が多い。テーマへの関心や、

Chap.
6

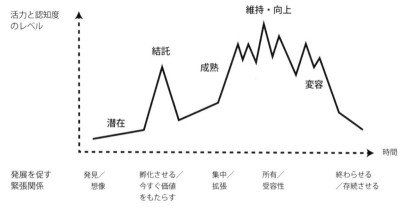

折れ線は、コミュニティがその時々に生み出す活力と認知度のレベルを表している。

図6-1：コミュニティの発展段階（ウェンガー・マクダーモット・スナイダー 2002）

ワークショップの方法改善などが問題意識につながっていく。この段階で、コアメンバーと共通する専門性やバックグランドを持つ人たちだけでなく、多様な人脈を作っておくことが、将来の成功につながる。

「結託」の段階

　メンバーが集まり、実践共同体を立ち上げる段階である。この時期は、メンバーが相互に認識や信頼を深めるとともに、対外的にコミュニティとして活動を展開し始める。

　この段階では、実践共同体としてどのようなワークショップを提供していくのかについて、目標を共有することが重要である。目標を実現するためのワークショップを共同で開発するため、コアメンバーが頻繁に集まりながら活動を進めていくことになる。

「成熟」の段階

実践共同体が孵化の段階を終え、一定の価値を確立した時期である。他の共同体との境界を確認しながら新しいメンバーを受け入れ、急速に活動が拡大する。

この段階の実践共同体は、目標を達成するために様々な活動を展開することになる。ワークショップ実践共同体の場合、複数のワークショップを定期的に開催する。活動が拡大するのにともない、共同体の運営に関して資源が必要になり、コアメンバーは企業・自治体などからワークショップを受託することでその確保や寄付金の獲得に奔走することになる。

「維持・向上」の段階

実践共同体が安定し持続的に活動が展開されるが、活気が失われやすい時期である。この段階に達すると、古くからいるコアメンバーと、新しく実践共同体に参入したメンバーの間で実践共同体の目標のずれや活動の歴史に関する知識差が表面化する。

ワークショップ実践共同体の場合、古くからいるメンバーは立ち上げ時期の試行錯誤を知っており、プログラムに可視化されていない暗黙知的なノウハウや文化を共有している。発展段階でその活動に魅力を感じて参加した新しいメンバーはこの過程を見ていないため、古参メンバーの意思決定が理解できないという事態が往々にして生じる。このような問題を避けるために、実践共同体の歴史を共有するとともに、新規メンバーも含めて対話しながらルールや文化を変えていくことが必要になる。

「変容」の段階

コミュニティの所有者意識と新しいアイデアや人々に対する開放性との間

Chap. 1

Chap. 2

Chap. 3

Chap. 4

Chap. 5

Chap. 6

Chap.
1

Chap.
2

Chap.
3

Chap.
4

Chap.
5

Chap.
6

のせめぎあいがある臨界点を超えると、コミュニティはその形を変える段階に入る。変容の形は様々であり、衰弱して自然消滅する、社交クラブ化する、分裂して新しいコミュニティを生み出す、他のコミュニティと合併する、制度化・組織化するなどのパターンがある。

ワークショップ実践共同体の場合、新しい企画を生み出せなくなり、開催回数が減ることによって衰弱・消滅するというパターンが多い。

これを避けるためには、維持・向上の段階において新しいアイデアを持つ人々を積極的に受け入れ、その力によって、変化を生み出し続ける必要がある。

また、新しいことをできない理由が古参メンバーと新規メンバーの対立によって意思決定ができないことにある場合には、思い切って別れるということも選択肢として検討したほうがよい。コミュニティには寿命があり、いつかは死が訪れるものである。死を恐れてコミュニティの維持を自己目的化せず、理念や文化が引き継がれることを最優先に考えるべきであろう。

Section **2** | ## ワークショップと空間

ワークショップの会場は、人が入り、道具や材料が配置できるだけは不十分であり、学習空間として設計が行われる必要がある。この節ではワークショップスタジオのデザインを検討する際に必要な理論的視座と実際的知識について整理する。

1 アフォーダンスとシグニファイア

　典型的なワークショップスタジオの光景について考えてみよう（**図6-2**）。スタジオに入ると、グループで活動するための島型のテーブルが配置されており、壁沿いには制作活動のための素材や道具、過去の作品が並べられている。前方のスクリーンには活動の説明スライドが表示され、その脇には大きめの時計やスケジュールを書いたホワイトボードが置いてある。

　ワークショップという活動は、このような空間の中で実施される。多くの参加者にとって初めて来る空間でも戸惑いなく活動に参加できるようにするためには、学習空間のデザインが必要になる。

　学習空間のデザインについて考える際に基盤となる考え方が「アフォーダンス」である。学習に必要な情報は全て視覚や聴覚などの知覚に由来しているが、J. J.ギブソンは、知覚が主体と環境の関係や相互作用によって構成されていることを理論化した。

　例えば、一辺70cmの立方体があるとしよう。この立方体がどう知覚されるかは大人と子どもによって違ってくる。5歳児であればこの立方体はテーブルになるかもしれないし、乗り越えるべき障害物としておもちゃになるかもしれない。疲れた大人であれば椅子とし

図6-2：ワークショップスタジオの例
（福武ラーニングスタジオ）

Chap.
1

Chap.
2

Chap.
3

Chap.
4

Chap.
5

Chap.
6

て知覚されることもあるだろう。このように環境が主体に対して提供する（Afford）情報のことをアフォーダンスと呼ぶ。

　ワークショップの空間を設計する場合、参加者にとってどのような意味を持つ環境になっているのかというシミュレーションが必要になる。プランの中で、様々な参加者の動きを想定し、動きの中で移り変わる視覚情報や聴覚情報の中から、問題解決的な行動の中で価値を持つ情報が浮き上がって知覚されるようにデザインを行う。

　ノーマン（2011）は、可視化されている人間の行動を誘発する人工物や空間のパターンを「シグニファイア」と呼んでいる。アフォーダンスそのものをデザインすることはできない。それは人と環境の相互作用の中で立ち上がってくる知覚パターンであり、潜在的かつ多様だからである。ただし、そのパターンに方向性を持たせる外的な制約をデザインすることは可能である。すなわち、人が何を行えばよいのかがわかるような「しるし（Sign）」を環境に埋め込むのである。

　例えば、子ども向けのワークショップで、子どもにとって危険な道具（やけどする可能性のあるグルーガンなど）を通常の道具と距離をとって配置し、赤や黄色などの警告の色をつけることが挙げられる。家具のレイアウトもシグニファイアである。

　シグニファイアはデザイナーが意図的に作り出すこともあるが、偶発的に発生することもある。例えば、誰かが面白い作品を作ってそのまわりに人垣ができると、その人垣が「何か面白いことが起こっている」というシグニファイアとなり、さらに多くの人を集める誘因となる。

　意図的かそうでないかに関わらず、ワークショップの空間には様々なシグニファイアが存在する。空間にこのような情報が増え過ぎると、人間は何を見るべきかで混乱することになる。適切なタイミングで適切な情報が自然に

目に入るように、不要なものは隠し、「見えないようにすること」も重要な配慮である。

2　ソシオペタルとソシオフーガル

ワークショップではグループワークを行うことが多いが、最初から最後までグループで話しているわけではない。個人で考える時間もあれば、全体で情報を共有する時間もある。オズモンドの研究によってこのような人と人のコミュニケーションのモードの違いによって、適切な家具のレイアウトが異なっていることがわかっている（**図6-3**）。

ソシオペタル
　人間同士のコミュニケーションを誘発するレイアウトである。円卓やL字型ソファーでは、対話が生まれやすい。

ソシオフーガル
　プライバシーを重視し、コミュニケーションを阻害するレイアウトである。

図6-3：ソシオペタルとソシオフーガル

Chap.
1

Chap.
2

Chap.
3

Chap.
4

Chap.
5

Chap.
6

空港のベンチや図書館のボックス席などがこれにあたる。

3　ワークショップスタジオの条件

　以上の理論的前提をもとに、ワークショップスタジオの条件について考えてみよう。最近になってワークショップでの利用を想定した会場も増えてきているが、教室や会議室を転用して利用する場合が多い。会場の選択に際しては、以下のようなポイントについて考慮する必要がある。

フレキシビリティ

　ワークショップ会場を選ぶ際に最も重要な要素は、フレキシビリティである。机や椅子にキャスターがついて移動でき、不要な机や椅子を倉庫に片づけられることが望ましい。

　導入やまとめなどの全員の活動では椅子だけにしたり、家具を外して車座に座ることも多い。

　また、個人作業の時はソシオフーガル型のレイアウトにした上で作業空間を広げ、グループ活動の時は、ソシオペタル型にして対人距離を縮めるなどの工夫も有効である。

会場の大きさ

　教室や会議室はワークショップと利用目的が違うため、そのままの定員で使うことはできない。教室の場合定員の半分程度、会議室でも３分の２程度と考えるとよいだろう。スタッフや物品などの配置を考えると、参加者数は50㎡で15名程度が適当である。

Chap.
1

Chap.
2

Chap.
3

Chap.
4

Chap.
5

Chap.
6

視点の確保

　ワークショップを教室や会議室でなく、建物のロビーや屋外で行うこともある。このような場合、階段や上階の開放型廊下など、その建築物特有の構造体を利用できる可能性がある。

　ワークショップにおいては、視点の変更が新しい発見を生み出すことがある。高さに差のある立ち位置を意図的に確保することによって、会場を俯瞰的に見おろす活動を入れるとよいだろう。

光と音

　制作活動を行うワークショップでは手元が明るくなるような照明が必要になるが、同時に、プロジェクターでの情報共有の際には、暗くないと十分に画面が見えない場合がある。プロジェクターやスクリーンの性能にもよるが、導入やまとめなどでプロジェクターを使う場合は照明を暗くし、制作活動や話し合い活動では照明を明るく設定できるような会場が望ましい。

　ワークショップでは多くの人がかなりの声量で話すので、室外に音が漏れてしまうことが多い。隣で講演などが行われていると、うるさくて聞こえないなどのクレームが来ることがある。このようなトラブルは特にパーティションで区切られている会場で起きやすい。防音性能を確認するとともに、隣の会場のイベントを確認して、可能であれば間に使用されていない部屋を一室挟むとよい。

電源と情報機器

　第3章で紹介したCAMPクリケットワークショップなど、最近はデジタル機器を利用したワークショップも数多く行われるようになってきている。数時間のワークショップであればバッテリーを利用することもあるが、電源

Chap.
1

Chap.
2

Chap.
3

Chap.
4

Chap.
5

Chap.
6

Chap.
1

Chap.
2

Chap.
3

Chap.
4

Chap.
5

Chap.
6

がなくなることでの活動中止を防ぐため、ACアダプタをつないでの運用が現実的である。参加者1人につき1台を利用する場合、多くのコンセントが必要になるため、壁面でなく床に多くのコンセントが配置されている会場が便利である。コンセントが壁面にしかない場合には、会場中央まで電源ドラムを引き、延長コードで取り回すことになるが、ケーブルに足をひっかけないように、養生テープでの固定が必須になる。

　また、インターネットを利用するワークショップの場合、無線LANがつながらないとワークショップが運営できなくなるリスクがある。あらかじめモバイルルーターなどを予備として用意しておくと安心である。

4　空間のレイアウト

　会場が決まると、大きさを確認した上で、レイアウトを作ることになる。
　図6-4は、CAMPクリケットワークショップの空間レイアウトの一例である。このワークショップは様々な場所で行われているため、会場によってレイアウトが変わるが、要素はほぼ変わらない。

参加者席

　2人から3人のグループで席が構成されている。コンピュータがグループに1台用意されている。CAMPのワークショップはねらいの中にグループで協調しながら学べる能力が含まれているため、個人活動はほとんどなく基本はソシオペタル型のレイアウトである。ただし、2人の場合、並んで座ることが多い。これは独立して作業をするモードにも、話し合ったり共同で作業をすることも可能な中間的レイアウトであり、子どもの関係構築スキルによって柔軟に対応できるようになっている。

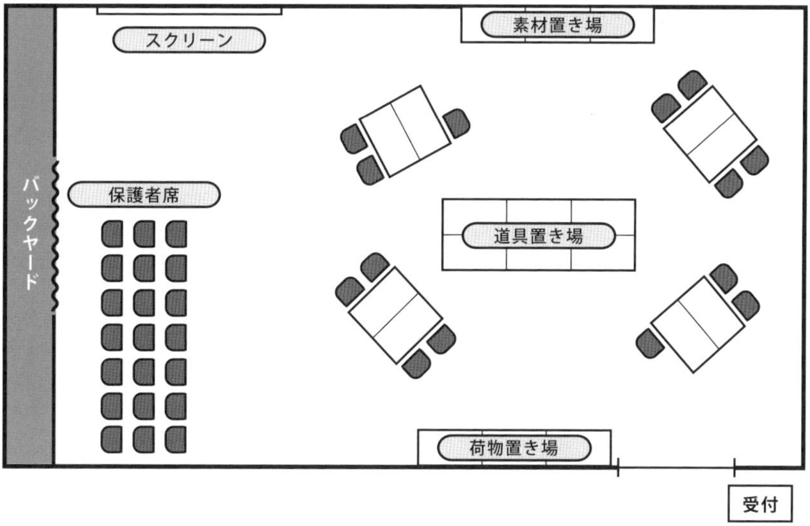

Chap.
1

Chap.
2

Chap.
3

Chap.
4

Chap.
5

Chap.
6

図 6 - 4：「CAMPクリケットワークショップ」の会場レイアウト

道具置き場

　道具置き場は中央に配置されており、切る・貼るなどの機能別に道具が並べられている。中央にあるためどの参加者席からも等距離にアクセスできるようになっている。やけどの危険性があるグルーガンや発泡スチロールカッターのまわりにはファシリテータがつき、利用をモニターしている。

素材置き場

　素材置き場は壁側にレイアウトされており、発砲スチロールのボールやパイプ、100円ショップなどで販売されている小物類、貝やどんぐりなどが並べられている。ここは比較的滞留時間が長いスペースであり、素材を試行錯誤的に選びながら考えを深める場所になっている。

説明用スペース

　参加者席の奥に床に座れるスペースが確保されており、自己紹介、プログラムの説明、作品発表会で全員が情報を共有する時に利用する。自己紹介や最後の挨拶の時には車座になることが多いが、プログラムの説明や作品発表会ではスクリーンに向いて間をつめて座り、ファシリテータがそれを取り囲むレイアウトになる。

時計・スケジュール

　参加者席の前には、時計と時間ごとのスケジュールが書かれたホワイトボードがおかれている。時計は壁掛けのものをスタンドにつけたもので、可視性が高い。参加者席から少し目線を動かすだけで、今の時間とスケジュールが確認できるような工夫が行われている。ワークショップでは活動の細かなコントロールを行わないかわりに、時間のコントロールが重要になる。時計とスケジュールはスタッフと参加者が共有する重要なシグニファイアである。

保護者席

　保護者席は参加者席から少し離れた場所にある。子どもの様子を見学したい保護者は多いが、保護者が子どもの活動に介入しないようにあえて距離をとっている。このワークショップは子どもの自主性を育むことも目標に含まれているため、大人の介入は行わないことが原則になっているからである。ワークショップ参加者の立場になると、保護者に限らず見学者に話しかけられるのは集中を妨げることが多いので注意が必要である。

荷物置き場

　ワークショップ参加者は多くの場合鞄やリュックサックなどを持っており、

参加者席の横におくと、導線を塞いだり、つまづいたりする原因になるため、別途荷物置き場を設けておくほうがよい。

受付

　エレベータや階段など、そのフロアの入り口から見通しの良い場所に受付を配置する。参加者が迷うことがないよう、掲示を行う必要がある。

バックヤード

　スタッフの控え室であり、各種の準備作業を行うための部屋を会場と別に確保しておくことが望ましい。会場の半分程度の広さがあればよいだろう。

Section **3** ｜ ワークショップと学習環境

1　学習環境のデザイン

　本書では主に学習活動のデザインという観点からワークショップについて解説してきた。しかしながら、ワークショップが持続的な学習活動として成立するためには、1節、2節で述べてきたように物理環境である空間や社会環境である共同体もデザインの対象とする必要がある。空間・活動・共同体のような学習に影響する要因の集合体を美馬・山内（2005）は「学習環境」と位置づけている。学習環境は、教育工学や学習科学の研究者を中心に共有されている用語である。

Chap.
1

Chap.
2

Chap.
3

Chap.
4

Chap.
5

Chap.
6

ピアジェと構成主義

　学習と環境という言葉が結びつくきっかけになったのは、認識の発生と発達について研究したピアジェである。ピアジェは、学習を人間が能動的に環境に働きかける中で発生する現象としてとらえた。幼児の発達が典型であるが、多くの学習はまわりの環境に試行錯誤的に働きかけ、そこから知識を吸収し、知識で説明できない事例があれば認識枠組みを変えるという過程で起きる。このような、知識が主体と環境の相互作用で構成されるという考え方を「構成主義」と呼ぶ。

ヴィゴツキーと社会的構成主義

　ピアジェは生物学をモデルに認識の発生と発達を研究していたため、環境における社会的な要因については研究の中心にはなかった。それに対し、ロシアの心理学者であるヴィゴツキーは、人間の発達において親や他の学習者が重要であり、社会的環境と行われる相互作用が内化されることによって言語や思考の発達が促されると考えた。このように知識が社会的なコミュニケーションの中で構築されるという考え方を「社会的構成主義」と呼ぶ。

　ピアジェとヴィゴツキーにより、能動的に環境に働きかける存在としての「学習者」という概念が普及した。このことにより、教授により学習を制御するという古典的な教育学の概念から脱却することになった。しかしながらこのことは、学習の過程に配慮や支援が必要ないということを意味しているわけではない。環境に対して適切な介入＝デザインを行い、学習の生起を加速することが「学習環境のデザイン」の基本的な考え方である。

パパートとLOGO

　学習環境のデザインの
先駆的な事例として、パ
パートの開発したLOGO
を紹介したい（**図6-5**）。
パパートは、ピアジェと
共同研究を行っていた数
学者・人工知能学者であ
るが、子どもの数学的・
論理的概念の獲得を支援
するための学習環境とし
てLOGOというプログラ

図6-5：LOGOで学ぶ子どもたち
（パパート　1995より転載）

ミング言語を開発した。LOGOは、タートルという仮想の亀をプログラムで
コントロールできるようにしており、子どもは目的の絵を描くために、タートルに適切な指示を与えなければならない。このような制約の中で様々な試行錯誤と間違いの修正を行うことにより、数学的・論理的な能力の学習につながると考えたのである。本書で紹介したCAMPクリケットワークショップはパパートの研究の系譜にある。

2　活動・空間・共同体のデザイン

　学習環境は様々な要因から成り立っており、それぞれが複雑に絡み合っている。そのままの状態ではデザインすることが難しいため、本書では活動・空間・共同体という大まかな分類に分けて検討してきた。ここでは、ワークショップにおいて学習環境をどのような順序でデザインしていけばよいのか

Chap.
1

Chap.
2

Chap.
3

Chap.
4

Chap.
5

Chap.
6

についてまとめておく。

活動のデザイン

　本書が中心に取り扱っているテーマが学習活動を規定するプログラムであるのは、経験学習の成果を左右する最も重要な要因だからである。経験を相対化し思考につなげるためには、よい課題設定と課題にアプローチするための素材としての知識が必要になる。ワークショップにおいては、よい学習課題を中核にする学習活動のデザインについてまず考えるべきである。

　何度かワークショップをデザインして要領がつかめてきたら、活動のデザインをする際に空間や共同体についても考えてみるとよいだろう。

　例えば、いつも借りている会場ではなく、屋外など意外性のある場所を使うことを想定すると、暗黙のうちに前提においている課題への制約がはずれて、その場所にふさわしい課題が思い浮かぶこともある。

空間のデザイン

　ワークショップのデザインに慣れていない場合は、学習活動のデザインが終わった後、運営の段階で空間デザインを行うことが一般的である。本書で紹介したようなワークショップ実施団体の空間配置を参考にしながら、課題に必要な材料や道具に容易にアクセスでき、制作活動や議論が居心地よくできるようなレイアウトを考えよう。

　ワークショップを繰り返し行うと、参加者が活動の中でどのような行動をするのか、その行動と思考がどのようにつながっているのかが見えるようになってくる。その段階になれば、学習空間のデザインをする時に、学習活動のシミュレーションをしながら、細かな配慮を追加することができる。例えば、話し合いの時に過去の作品を頻繁に見直す可能性があるのであれば、そ

れが自然に目に入るようなレイアウトが望ましい。

　また、最終的には実際の空間を見ながら考えることが重要である。建築図面には大きさや配置に関する情報は記入されているが、そこから何が見えるのかはわからないからである。ベテランのワークショップ実践家が会場の下見を欠かさないのは、こういったアフォーダンスに関わる情報を学習者の目線でシミュレーションするために、実際に自分の身体をそこに置いてみる必要があるからである。

共同体のデザイン

　様々なステークホルダーが集まり活動を共有するワークショップは共同体のひな形である。ワークショップをきっかけに出会った人々が、新しい実践共同体を作ることは珍しいことではない。

　ただし、ワークショップという最初と最後が決まっている短時間の学習プログラムの中だけで、自律的に活動を展開する共同体が生み出されることはまれである。共同体が構成されるためにはある程度の時間がかかるからである。共同体の構成を意識しながらワークショップ活動をデザインする場合は、以下のようなアプローチが考えられる。

1週間程度の合宿

　1日ではなく、1週間程度の期間で大きな作品を共同で作るようなワークショップを行うと、そのメンバーには同窓会的なつながりができる。同窓会自体はメンバーの関係維持を目標とした共同体であるが、メンバーの中に核になる問題意識を持ったリーダーがいた場合には、新しい実践を生み出す共同体に展開することがある。

　合宿型のワークショップではこういったことを実施しやすい。宿泊や食事

Chap.
1

Chap.
2

Chap.
3

Chap.
4

Chap.
5

Chap.
6

Chap.
1

Chap.
2

Chap.
3

Chap.
4

Chap.
5

Chap.
6

も一緒にすると、価値観に関するインフォーマルなコミュニケーションが活性化され、つながりの基盤になる信頼関係が醸成される。

ソーシャルメディアを利用したワークショップ間の接続

　合宿形式が難しい場合には、単発のワークショップの間にソーシャルメディアによるコミュニケーションをはさみ、持続的に意識が共有される仕組みを作るという方法がある。多くのワークショップが広報段階からTwitterやFacebookなどのソーシャルメディアを利用するようになっており、参加者全員がこれらを利用できるケースも増えてきている。こういった参加者層の場合は、ワークショップを隔週2回の構成にして、最初のワークショップが終わった後のリフレクションをソーシャルメディア上でも続け、そのやりとりを参考にしながら2回目のワークショップの導入を行うという接続をすると、実質的に長時間コミットメントが続き、共同体も生まれやすくなる。

3　メタワークショップ

　第5章で述べたように、ワークショップにおいては参加者だけではなく、実践者の側にも多くの学習が起こっている。これは、第1章で説明したワークショップモデルとワークショップデザインモデルが相似的な関係にあるからである。

　ワークショップデザインは、ワークショップをデザインするという課題に対して創造的な答えを生み出し、その経験を評価という形で反省的にとらえ直し学ぶという意味で、「メタワークショップ」なのである。

　ワークショップをデザインしたいという人々の動機やきっかけは様々である。伝えたい内容を持っており方法として採用する人もいれば、学校では感

じられなかった魅力的な学びの場をつくりたいと考えている人々もいる。ワークショップが成功すれば、その目的はもちろん達成されるが、同時にワークショップデザインの経験から多くのことを学ぶことができる。

特に10代や20代の若い人たちには、ぜひワークショップをデザインすることを経験してほしい。その経験は、人と人が協力しながらプロジェクトを形にしていく技術を基盤にしながら、「学びと創造」という人間が持つすばらしい力を引き出すための目を培うことにつながっているからである。

学習に対する深い洞察

ワークショップをデザインすることは、そこで生起する学習を想像し、計画を立てる行為である。人により多様な形をとって現れる学習を予期するためには、学習に関する理論を学ぶと同時に、実際の学習を経験し、それを言語化し、モデル化する必要がある。これはいわば「学習に関する学習」であり、これによってワークショップ以外の学習も「見える」ようになり、深い洞察を得ることができる。

創造性に関する直感的判断

ワークショップデザインで作られた計画は、よい意味で裏切られる存在である。想定しなかった学習が起こることはワークショップでは推奨されていることであり、新しいアイデアの創出につながるという意味で、社会に対するインパクトを持っている。

現時点では創造的な活動の理論は十分構築されていないので、多くの実践者は経験から直感的に判断している。創造的活動が起きるような課題の「ひねり方」がわかるようになってくると、ワークショップのみならずイノベーションを起こす活動に広く応用することができるようになる。

プロジェクトに関する実践的知識

　ワークショップを実践することは、多くの人たちが協力して1つのプロジェクトを遂行することでもある。計画を立て、実行し、評価するというサイクルは、ワークショップのみならず一般的なプロジェクトに共通する枠組みである。チームとしてプロジェクトを遂行させるためには、多様性を生かして高い次元の計画をたてるとともに、予算やロジスティクスなど、現実的な課題を1つ1つ役割分担しながら作業することも必要になる。これはまさに「仕事」そのものであり、この知識は生涯を通じて、様々な形の恩恵をもたらすだろう。

　ワークショップを創りながら学ぶ活動が、多くの人によって展開されるようになることを期待している。そのような活動が野火的につながっていけば、社会の中に「学びと創造」の文化が根づいていくだろう。

Appendix
ワークショップデザイン探究のためのブックガイド

　ワークショップデザインについてさらに探究したい読者のために、本書の後に読むとさらに理解が深まる書籍を 12 冊あげた。

ジョン・デューイ著『経験と教育』市村尚久訳、講談社学芸文庫、2004 年

伝統的教育と進歩主義教育を対比し、教育において経験が重要であることを主張した教育哲学者ジョン・デューイの著作。本書は子どもの教育に着眼したものであるが、経験の意味について考えることは、子どもだけではなく大人の学習においても必須である。生涯学習プログラムを考える際に参照すべき古典。

パウロ・フレイレ著『被抑圧者の教育学——50 周年記念版』三砂ちづる訳、亜紀書房、2018 年

パウロ・フレイレは、20 世紀を代表する教育思想家・実践者である。教師が学習者に知識を蓄積していくだけの「知識預金型教育」から、学習者が世界と能動的に関わるための「課題提起型教育」への変化が必要であることを主張し、識字教育を中心に活躍した。社会教育や国際理解教育を中心に、ワークショップのあり方にも大きな影響を与えている。

ドナルド・ショーン著『専門家の知恵——反省的実践家は行為しながら考える』佐藤学・秋田喜代美訳、ゆみる出版、2001 年

ショーンは、専門家が行為の中で省察することに着眼し、本書で「反省的実践家（reflective practice）」という専門家像を提示した。ワークショップ実践者として学び育つ際、本書における専門家像は示唆に富むだろう。なお、本書は抄訳であるため、さらに詳しく知りたい場合、全訳の『省察的実践とは何か——プロフェッショナルの行為と思考』（鳳書房）と併読することもお勧めしたい。

ユーリア・エンゲストローム著『拡張による学習――発達研究への活動理論からのアプローチ（完訳増補版）』山住勝広訳、新曜社、2020年

ユーリア・エンゲストロームは、ヴィゴツキーの社会的構成主義を継承・発展させ、「活動理論」を体系化した。本書で取り上げられている葛藤による学習と社会的活動の関係は、ワークショップにおける学習について考える上で不可欠な視点であると言えるだろう。

ミハイ・チクセントミハイ著『フロー体験――喜びの現象学』今村浩明訳、世界思想社、1996年

ミハイ・チクセントミハイは、人間が楽しさを感じ、没入している状態を「フロー」と名づけ、その特徴や条件についてまとめている。楽しさはワークショップにおいて不可欠な要素である。本書で示されている活動の構造と楽しさの関係は、ワークショップのプログラムを作成する上で重要な示唆を与えてくれる。

Ronald A. Finke, Steven M. Smith, Thomas B. Ward 著『創造的認知――実験で探るクリエイティブな発想のメカニズム』小橋康章訳、森北出版、1999年

ロナルド・フィンケらによる、創造的な思考に影響を及ぼす認知プロセスとメカニズムについてまとめられた理論書。これらの知見は膨大な実験研究に支えられている。人間の創造や発見に関わる認知過程について理解を深めることは、ワークショップの企画を洗練させる上で役に立つだろう。

エティエンヌ・ウェンガー、リチャード・マクダーモット、ウィリアム・M・スナイダー著『コミュニティ・オブ・プラクティス──ナレッジ社会の新たな知識形態の実践』野村恭彦監修・櫻井祐子訳、翔泳社、2002 年

エティエンヌ・ウェンガーは、状況的学習論を基盤にしながら、知識社会における実践共同体のあり方を構成する方法について様々な活動を展開している。本書では実践共同体の運営についてマネジメント的な側面から述べており、ワークショップを持続的に展開していく際に参考になるノウハウが数多く取り上げられている。

木原俊行『授業研究と教師の成長』日本文教出版、2004 年

教師の授業力量形成（learning to teach）について、初任、中堅、ベテランという段階に分け実証研究を行った知見がまとめられたものである。研究方法として、比較研究、事例研究、アクションリサーチといった手法が組み合わせられていることも本書の特徴である。学びに関わる専門職における成長を追っているため、ワークショップ実践者の育成にも参考になる知見が多くある。

ピーター・H・ロッシ、ハワード・E・フリーマン、マーク・W・リプセイ著『プログラム評価の理論と方法──システマティックな対人サービス・政策評価の実践ガイド』大島巌・森俊夫・平岡公一・元永拓郎監訳、日本評論社、2005 年

プログラム評価の歴史から実際的な評価計画のあつらえ方まで、幅広く触れられた体系的理論書。筆者らが「不可避的に、評価者の行う仕事は、多くの競合する関心や目標を創造的に編みこんで、ひとつのタペストリー（つづら織り）を織り上げることになるのであり、そこに見る人は違ったメッセージを見出す」と述べるように、プログラムの評価は複数の方法で多角的に行われる必要があることが具体的な事例に基づき論じられている。

キース・ソーヤー『凡才の集団は孤高の天才に勝る──「グループ・ジーニアス」が生み出すものすごいアイデア』金子宣子訳、ダイヤモンド社、2009 年

キース・ソーヤーは、チクセントミハイの弟子であり、ジャズグループや即興劇団を通じた創造性研究で知られている。フィンケらの創造的認知の理論を下敷きにしながら、それを個人から集団に拡張させ、アイデアを生み出すコラボレーションのメカニズムについて考察している。本書で取り上げられている様々な知見は、ワークショップデザインに重要な示唆を与えてくれる。

クラウス・クリッペンドルフ著『意味論的転回──デザインの新しい基礎理論』小林昭世ほか訳、エスアイビーアクセス、2009 年

クリッペンドルフは、デザインを「物の意味を与えること」と定義し、デザインを人間にとっての意味を中心としたものとして捉え直している。本書で提起されている「人間中心性」という基本概念は、現在の様々な領域におけるデザインの考えの土台になっている。ワークショップや学習とは直接関係しないが、デザインという行為について考えを深めてくれる一冊である。

ドナルド・ノーマン著『複雑さと共に暮らす──デザインの挑戦』伊賀聡一郎・岡本明・安村通晃訳、新曜社、2011 年

D. A. ノーマンは世界的な認知科学者であり、人間と機械の相互作用に関する著書はデザイナーの必読書になっている。本書で取り上げられている「シグニファイア」という概念は、ワークショップのようなサービスや道具のようなインターフェイスに関する利用者の経験（ユーザー・エクスペリエンス）を保証する際に、重要な示唆を与えてくれるだろう。

引用文献

第 1 章

ベイトソン，G.（2000）『精神の生態学』佐藤良明訳，新思索社。

Bonwell, C. and Eison, J.（1991）*Active Learning: Creating Excitement in the Classroom AEHE-ERIC Higher Education Report No. 1.* Washington, D.C.: Jossey-Bass.

Brooks-Harris, J. E. & Stock-Ward, S. R.（1999）*Workshops: Designing and Facilitating Experiential Learning.* Thousand Oaks, CA: Sage

Collins, A., Joseph, D. and Bielaczyc, K.（2004）Design research: Theoretical and methodological issues, *The Journal of the Learning Sciences*, 13(1), pp. 15-42.

デューイ，J.（1996）『学校と社会・子どもとカリキュラム』市村尚久訳，講談社学術文庫。

エンゲストローム，Y.（1999）『拡張による学習──活動理論からのアプローチ』山住勝広ほか訳，新曜社。

ガニェ，R. M. ほか（2007）『インストラクショナルデザインの原理』鈴木克明・岩崎信監訳，北大路書房。

Kolb, D. A.（1984）*Experiential learning: Experience as the source of learning and development.* Englewood Cliffs, NJ: Prentice-Hall.

クリッペンドルフ，K（2009）『意味論的転回──デザインの新しい基礎理論』小林昭世ほか訳，エスアイビーアクセス。

OECD（2011）『学習成果の認証と評価──働くための知識・スキル・能力の可視化』山形大学教育企画室監訳，松田岳士訳，明石書店。

松岡由幸編著（2008）『もうひとつのデザイン──その方法論を生命に学ぶ』共立出版。

益川弘如（2012）「デザイン研究・デザイン実験の方法」清水康敬・中山実・向後千春編著『教育工学研究の方法』ミネルヴァ書房，177-198 頁。

森玲奈（2009a）「ワークショップ実践家はその専門性をどのように認識しているか──インタビュー調査と質問紙調査による検討」『日本教育工学会第 25 回全国大会講演論文集』，663-664 頁。

─────・北村智（2013）「『ワークショップの教育工学』のための予備的考察」『日本教育工学会研究報告集』，313-318 頁。

Reigeluth, C. M.（1983）Instructional design: What is it and why is it? In C. M. Regeluth （Eds.）, *Instructional-design Theories and Models: An overview of their current status.* Hillsdale, NJ: Lawrence Erlbaum.

ソーヤー，K.（2009）『凡才の集団は孤高の天才に勝る──「グループ・ジーニアス」が

生み出すものすごいアイデア』金子宣子訳，ダイヤモンド社。

ベルガンティ，R.（2012）『デザイン・ドリブン・イノベーション』佐藤典司・岩谷昌樹・
　　八重樫文監訳，立命館大学経営学部 DML 訳，同友館。

第2章

安斎勇樹・森玲奈・山内祐平（2011）「創発的コラボレーションを促すワークショップデ
　　ザイン」『日本教育工学雑誌』35(2), 135-145 頁。

安斎勇樹・塩瀬隆之（2020）『問いのデザイン——創造的対話のファシリテーション』学
　　芸出版社。

チクセントミハイ，M（1996）『フロー体験——喜びの現象学』今村浩明訳，世界思想社。

――――（2001）『楽しみの社会学』今村浩明訳，新思索社。

デューイ，D.（2004）『経験と教育』市村尚久訳，講談社学芸文庫。

エンゲストローム，Y.（1999）前掲書。

フレイレ，P.（2011）『新訳　被抑圧者の教育学』三砂ちづる訳，亜紀書房。

Harris, E. M. (1984) Planning and managing workshops for results. *New Directions for Adult and Continuing Education*, 22, pp. 39-54.

森玲奈（2008）「学習を目的としたワークショップのデザイン過程に関する研究」『日本教
　　育工学会論文誌』31(4), 445-455 頁。

ソーヤー，K.（2009）前掲書。

Wallas, G. (1926) *The Art of Thought*. New York: Harcourt Brace Jovanovich.

第3章

安斎勇樹・青木翔子（2019）「ワークショップ実践者のファシリテーションにおける困難
　　さの認識」『日本教育工学論文誌』42(3), 231-242 頁。

安斎勇樹・森玲奈・山内祐平（2011）前掲論文。

安斎勇樹・東南裕美（2020）「ワークショップ熟達者におけるファシリテーションの実践
　　知の構造に関する記述研究」『日本教育工学論文誌』44(2), 印刷中。

安斎勇樹・山内祐平（2020）「子ども時代のワークショップ参加経験の長期的影響」『日本
　　教育工学会第 37 回全国大会講演論文集』。

チクセントミハイ，M（1996）前掲書。

――――（2001）前掲書。

カトリップ，S. M.・センター，A. H.・ブルーム，G. M.（2008）『体系　パブリック・リレー
　　ションズ』日本広報学会監修，ピアソンエデュケーション。

デール，E.（1957）『デールの視聴覚教育』西本三十二訳，日本放送教育協会。

デューイ，J.（1996）前掲書。

エンゲストローム，Y.（1999）前掲書。

藤江俊彦（2002）『現代の広報——戦略と実際』同友館。

猪狩誠也（2007）『広報・パブリックリレーションズ入門』宣伝会議。

川口和英（2011）『集客の科学』技報堂出版。

Miyake, N.（1986）Constructive interaction and the iterative process of understanding. *Cognitive Science*, 10, pp. 151-177.

Sawyer, R. K.（2006）Educating for innovation. *Thinking Skills and Creativity*, 1, pp. 41-48.

高尾美沙子・苅宿俊文（2008）「ワークショップスタッフの実践共同体における十全性の獲得のプロセスについて」『日本教育工学会論文誌』32(Suppl.), 133-136頁。

舘野泰一（2012）「職場を越境するビジネスパーソンに関する研究」中原淳編著『職場学習の探究——企業人の成長を考える実証研究』生産性出版，281-312頁。

第4章

Csikszentmihalyi, M.（1999）Implication of a system perspective for the study of creativity. In R. J. Sternberg（Ed.）, *Handbook of Creativity*. Cambridge: Cambridge University Press, pp. 313-335.

梶田叡一（2010）『教育評価』有斐閣。

小橋康章（1996）「創造的思考と発想支援」小橋康章・市川伸一編『認知心理学4　思考』東京大学出版会，181-203頁。

佐々木亮（2010）『評価論理——評価学の基礎』多賀出版。

Scriven, M.（1991）*Evaluation Thesaurus*, 4th edition. Newbury Park, CA: Sage.

安田節之（2011）『プログラム評価——対人・コミュニティ援助の質を高めるために』新曜社。

Wallas, G.（1926）*The Art of Thought*. New York: Harcourt Brace Jovanovich.

第5章

荒木淳子（2007）「企業で働く個人の「キャリアの確立」を促す学習環境に関する研究——実践共同体への参加に着目して」『日本教育工学会論文誌』31(1), 15-27頁。

Bloom, B. S.（1985）*Developing Talent in Young People*. New York: Ballantine Books.

藤森立男・藤森和美（1992）「人と争う」松井豊編『対人心理学の最前線』サイエンス社，141-151頁。

久村恵子（1997）「メンタリングの概念と効果に関する考察——文献レビューを通じて」『経営行動科学』11(2), 81-100頁。

木原俊行（2004）『授業研究と教師の成長』日本文教出版。

松尾睦（2006）『経験からの学習——プロフェッショナルへの成長プロセス』同文館出版。

森玲奈（2008）前掲論文。

―――（2009）「ワークショップ実践家はその専門性をどのように認識しているか―――イ
　　ンタビュー調査と質問紙調査による検討」『日本教育工学会第25回全国大会講演論
　　文集』, 663-664頁。

―――（2015）『ワークショップデザインにおける熟達と実践者の育成』ひつじ書房。

Schön, D. A. (1983) *The Reflective Practitioner: How Professionals Think in Action.*
　　New York: Basic Books.

新藤浩伸（2004）「ワークショップの学習論」『日本の社会教育』48, 57-70頁。

谷口智彦（2006）『マネージャーのキャリアと学習―――コンテクスト・アプローチによる
　　仕事経験分析』白桃書房。

吉崎静夫（1987）「授業研究と教師教育（1）―――教師の知識研究を媒介として」『教育方
　　法学研究』13, 11-17頁。

吉富美佐江・舟島なをみ（2007）「新人看護師を指導するプリセプター行動の概念化―――
　　プリセプター役割の成文化を目指して」『看護教育学研究』16(1), 1-14頁。

第6章

美馬のゆり・山内祐平（2005）『「未来の学び」をデザインする』東京大学出版会。

ノーマン, D.（2011）『複雑さと共に暮らす―――デザインの挑戦』伊賀聡一郎・岡本明・
　　安村通晃訳、新曜社。

パパート, S.（1995）『マインドストーム―――子供、コンピューター、そして強力なアイ
　　デア』奥村貴世子訳、未來社。

ウェンガー, E.・マクダーモット, R.・スナイダー, W. M.（2002）『コミュニティ・オブ・
　　プラクティス―――ナレッジ社会の新たな知識形態の実践』櫻井祐子訳, 翔泳社。

索引

著者紹介

山内祐平（やまうち・ゆうへい）［第1章、第6章］

東京大学大学院情報学環 教授。

大阪大学大学院人間科学研究科博士後期課程中退後、茨城大学人文学部助教授等を経て現職。博士（人間科学）。情報化社会における学びのあり方とそれを支える学習環境のデザインについてプロジェクト型の研究を展開している。特定非営利活動法人Educe Technologies代表理事。日本教育工学会論文賞受賞（2003, 2005, 2008, 2014, 2018）。グッドデザイン賞受賞（2008）。主な著書として『学習環境のイノベーション』（単著、東京大学出版会）、『デジタル社会のリテラシー』（単著、岩波書店）、『インフォーマル学習』（編著、ミネルヴァ書房）などがある。

森　玲奈（もり・れいな）［第4章、第5章］

帝京大学共通教育センター 准教授。早稲田大学総合研究機構研究院 客員教授。博士（学際情報学）。

東京大学大学院学際情報学府博士課程満期退学後、東京大学大学院情報学環特任助教、帝京大学学修・研究支援センター准教授を経て2020年より帝京大学共通教育センター准教授。2023年より早稲田大学総合研究機構研究院客員教授。学び続ける人とそれを包み込む社会に関心を持ち研究と実践を続けている。2008年度日本教育工学会研究奨励賞 受賞。2019年気象庁長官賞。2021年度徳川宗賢賞萌芽賞受賞。主な著作に『ワークショップ実践家のデザインにおける熟達と実践者の育成』（ひつじ書房）、『「ラーニングフルエイジング」とは何か──超高齢社会における学びの可能性』（ミネルヴァ書房）。

安斎勇樹（あんざい・ゆうき）［第2章、第3章］

株式会社MIMIGURI代表取締役Co-CEO。東京大学大学院情報学環 特任助教。

東京大学大学院学際情報学府博士課程修了。博士（学際情報学）。人の組織の創造性を活かした経営・マネジメントの方法論について研究している。主な著書に『問いのデザイン──創造的対話のファシリテーション』（学芸出版社）、『問いかけの作法──チームの魅力と才能を引き出す技術』（ディスカヴァー・トゥエンティワン）などがある。

ワークショップデザイン論［第2版］
——創ることで学ぶ

2013年6月15日　初版第1刷発行
2020年4月10日　初版第5刷発行
2021年1月15日　第2版第1刷発行
2023年9月11日　第2版第2刷発行

著　者————山内祐平・森　玲奈・安斎勇樹
発行者————大野友寛
発行所————慶應義塾大学出版会株式会社
　　　　　　〒108-8346　東京都港区三田2-19-30
　　　　　　TEL 〔編集部〕03-3451-0931
　　　　　　　　〔営業部〕03-3451-3584〈ご注文〉
　　　　　　　　〔　〃　〕03-3451-6926
　　　　　　FAX 〔営業部〕03-3451-3122
　　　　　　振替　00190-8-155497
　　　　　　https://www.keio-up.co.jp/
装　丁————Primus design
図版作成協力—今和泉隆行・猫田耳子
印刷・製本——株式会社加藤文明社
カバー印刷——株式会社太平印刷社

慶應義塾大学出版会

パターン・ランゲージ・ブックス
プレゼンテーション・パターン
──創造を誘発する表現のヒント

井庭崇・井庭研究室著　魅了するプレゼン
は当たり前。聴いた人まで触発されて、アイデ
アを次々と出してしまうような創造的なプレ
ゼンのヒントを34パターンで解説。

●1,400円

キャンプ論
──あたらしいフィールドワーク

加藤文俊著　今日から始められる、フィールド
ワーク入門！「キャンパス（教室）」に閉じこもっ
た知の獲得方法から脱し、まちへ出かけて、い
ろいろな人とコミュニケーションを築くあたら
しいフィールドワークを提案する。

●1,800円

表示価格は刊行時の本体価格（税別）です。